GUIDELINES FOR RISK-PREVENTION OF
INVESTMENT IN P2P ONLINE LENDING

P2P网贷投资风险防范指南

◎ 吴金旺 编著

中国金融出版社

责任编辑：王效端　张菊香
责任校对：李俊英
责任印制：裴　刚

图书在版编目（CIP）数据

P2P 网贷投资风险防范指南/吴金旺编著． —北京：中国金融出版社，2019.11

ISBN 978 – 7 – 5220 – 0251 – 4

Ⅰ.①P… Ⅱ.①吴… Ⅲ.①互联网络—应用—贷款风险管理—中国—指南 Ⅳ.①F832.4 – 39

中国版本图书馆 CIP 数据核字（2019）第 190756 号

P2P 网贷投资风险防范指南
P2P Wangdai Touzi Fengxian Fangfan Zhinan

出版
发行　中国金融出版社

社址　北京市丰台区益泽路 2 号
市场开发部　（010）63266347，63805472，63439533（传真）
网 上 书 店　http://www.chinafph.com
　　　　　　（010）63286832，63365686（传真）
读者服务部　（010）66070833，62568380
邮编　100071
经销　新华书店
印刷　保利达印务有限公司
尺寸　169 毫米 × 239 毫米
印张　8
字数　130 千
版次　2019 年 11 月第 1 版
印次　2019 年 11 月第 1 次印刷
定价　32.00 元
ISBN 978 – 7 – 5220 – 0251 – 4
如出现印装错误本社负责调换　联系电话（010）63263947

前　言

　　P2P网贷是建立在互联网思维、互联网技术基础上的金融业态。投资人和借款人可以直接实现资金的对接，借款人通过支付较高的利息成本获取投资人的资金，投资人获得较高收益，而网贷平台在其中担当了信息传递者的角色（即信息中介角色），收取少量的居间费用。这种新型的理财方式，使得普通投资者的理财变得更加便捷，投资者不用天天往金融机构跑，只需将闲钱放在P2P平台上，它就会实现自动理财还能获得高于银行活期理财的收益。

　　随着移动互联网的普及，P2P借贷以进入门槛极低、中间环节较少、借贷效率高，以及灵活自由、便捷迅速、选择丰富、收益率高等优势，吸引了众多中小企业和广大普通投资者。

　　2016年，P2P网贷行业历史累计成交量接连突破2万亿元、3万亿元两个大关，单月成交量更是突破了2000亿元，2016年"网贷双11"单日再次突破 100 亿元,实现了 116.07 亿元,这一系列的成绩都反映了 P2P 网贷行业获得了大量投资人的认可。网贷之家数据显示,2017 年全年网络借贷行业成交量达到了 28048.49 亿元,相比 2016 年全年网贷成交量(20638.72 亿元)增长了 35.9%。2017 年,网络借贷行业历史累计成交量突破 6 万亿元大关,单月成交量均在 2000 亿元以上,3 月和 7 月成交量均超过了 2500 亿元。截至 2017 年 12 月底,网络借贷行业正常运营平台数量达到了 1931 家,相比 2016 年底减少了 517 家,全年正常运营平台数量一直单边下行。2017 年网贷行业投资人数与借款人数分别约为 1713 万人和 2243 万人,较 2016 年分别增长 24.58% 和 156.05%。随着限额令的出台,众多平台开始向消费金融等小额信贷业务进行业务合规转型,网贷行业借款人数明显大幅上升。

作为广大投资人来讲,忙碌了一整年,辛辛苦苦攒的钱一部分适当地进行理财,让存着的钱持续升值,是个不错的选择。然而,理财有陷阱,只有避开高风险平台,才能保障本金和理财收益。目前,P2P 网贷行业的发展处于初始野蛮生长状态,各种 P2P 网贷企业鱼龙混杂,频繁爆出诈骗、跑路事件,使许多投资者损失惨重,甚至血本无归。

"e 租宝"涉案金额 598 亿元;"中晋系"涉案值 399 亿元……一些 P2P 借贷平台跑路、倒闭猝不及防,P2P 几乎令投资者"谈虎色变"。P2P 网贷属于金融行业(金融信息中介),任何金融行为都天然隐含风险。对于普通用户来说,核心是如何选择安全可靠的 P2P 借贷平台进行投资。做到这一点,首当其冲需要掌握的是防范 P2P 网贷投资的风险。

随着 P2P 平台跑路大案爆出,监管政策接踵而至,2016 年因此被称为互联网金融的"监管元年"。中国人民银行等十部委《关于促进互联网金融健康发展的指导意见》和最高人民法院《民间借贷案件适用法律规定》的相继出台,P2P 借贷行业洗牌时代已经来临。2017 年是网贷行业"合规规范年",各类重磅监管文件密集出台。尤其是银监会在 2017 年 2

月和 8 月分别下发的《网络借贷资金存管业务指引》和《网络借贷信息中介机构业务活动信息披露指引》，标志着网贷行业银行存管、备案、信息披露三大主要合规政策悉数落地，并与 2016 年 8 月 24 日发布的《网络借贷信息中介机构业务活动管理暂行办法》共同组成网贷行业"1＋3"制度体系。

怎么才能通过防范 P2P 理财的风险，保障 P2P 投资的本金和收益成为普通投资者急需掌握的知识。目前，现有金融科普读物更多的是将 P2P 作为互联网金融的一种模式介绍，知识点以 P2P 网络借贷的发展历史、P2P 借贷平台的业务流程和运作特点为主，对 P2P 风险防范解读不够，甚至非常缺乏，不能有效引导投资者认清 P2P 理财产品背后到底是什么东西，它们到底有没有风险，风险到底有多大，如何防范风险，产生风险后，消费者如何保护自身权益。

本书定位于互联网金融、P2P 借贷风险防范知识的普及，着眼于当下 P2P 借贷行业发展中的热点、难点及痛点问题，直面 P2P 发展历史上存在的各种问题，用通俗易懂的事例深入阐释；对 P2P 行业存在的各种风险形式进行深入浅出的阐释，认真地为读者分析了一些 P2P 借贷平台不停抛出"诱饵"、引诱理财投资人上当的伎俩，对于帮助理财、投资者辩证地运用互联网思维、掌握一些常规的 P2P 借贷平台理财技巧、提高其防范风险水平、避免落入陷阱具有很好的警示作用；对如何防范常见的 P2P 风险，提出相应的忠告。这种由浅入深、循序渐进的分析，完全尊重了从未操作过 P2P 借贷的初学者对 P2P 借贷风险防范知识的了解和把握规律，具有很强的可操作性，力求让每一位从没有涉猎过互联网金融和 P2P 借贷行业的读者看得懂、能理解、用得上、可操作。

P2P 网贷发展变化很快，与整个经济金融环境和法律法规密切相关，从初期的无监管到现在强监管，本书的编写力求呈现最新资料。但是待本书出版时，可能一些观点、内容已经过时，这就决定了本书只能是挂一漏万，还请读者包涵与见谅，本书所涉及的 P2P 网络借贷平台，仅仅作为行业的一个代表案例，不构成任何项目推荐。

吴金旺

2019 年 4 月

目 录

第一篇　P2P 投资理财篇

第一章　初识 P2P / 3

　一、P2P 的诞生 / 3

　二、P2P 发展概况 / 4

　三、P2P 的特点 / 9

　四、国外典型平台 / 10

　五、P2P 理财操作流程 / 16

第二章　P2P 商业模式介绍 / 18

　一、P2P 平台的主流商业模式 / 18

　二、P2P 债权标的分类 / 23

　三、P2P 收益计算方式 / 27

第三章　P2P 投资政策解读 / 30

一、《关于促进互联网金融健康发展的指导意见》/ 30

二、《网络借贷信息中介机构业务活动管理暂行办法》/ 31

第二篇　P2P 投资风险认识篇

第四章　P2P 理财的风险源 / 39

一、P2P 跑路平台案例分析 / 39

二、P2P 网络借贷常见术语概念 / 41

三、P2P 网络借贷风险源 / 43

四、P2P 网络借贷风险分类 / 44

五、P2P 网络借贷平台风险管理 / 47

第五章　P2P 投资理财风险提示 / 49

一、第一大雷区：与监管政策相悖的平台 / 49

二、第二大雷区：单笔借款金额巨大的平台 / 50

三、第三大雷区：担保机构实力偏弱的平台 / 52

四、第四大雷区：对项目风险掌控不足的平台 / 54

五、第五大雷区：现金流不好，资金链持续紧张的平台 / 57

六、第六大雷区：项目周期过长的平台 / 59

七、第七大雷区：虚拟融资项目，实为自融资金的平台 / 61

八、第八大雷区：进行期限错配，形成资金沉淀 / 62

第三篇　P2P 投资风险防范篇

第六章　P2P 公司实力分析 / 67

一、管理团队背景 / 67

二、银行存管＋账户资金安全保障 / 69

第七章　P2P 公司风险保障能力分析 / 73

　　一、什么是 P2P 风险准备金 / 73

　　二、风险准备金的作用 / 75

　　三、风险准备金提取比例 / 75

　　四、风险准备金来源 / 75

　　五、风险准备金与普通存款的区别 / 76

　　六、风险准备金的"猫腻" / 77

第八章　P2P 公司信息披露与合同管理 / 79

　　一、P2P 公司信息披露 / 79

　　二、P2P 公司合同管理 / 82

第四篇　P2P 投资消费者权益保护篇

第九章　互联网金融消费者权益 / 89

　　一、安全权 / 89

　　二、知情权 / 90

　　三、个人金融信息受保护 / 90

　　四、选择权 / 91

　　五、公平交易权 / 91

　　六、申请救济权 / 92

　　七、受教育权 / 92

　　八、受尊重权与监督权 / 92

　　九、特殊权利 / 93

第十章　互联网金融消费者权益保护存在的问题 / 94

　　一、个人隐私极易泄露 / 94

　　二、信息不对称问题仍存在 / 95

三、自主选择权难以实现 / 95

四、交易弱势处境难以扭转 / 95

五、财产安全无法保障 / 96

六、损害求偿渠道受阻 / 97

七、法规滞后性 / 97

八、业务合规性存在质疑 / 99

九、承受力有限 / 99

第十一章　P2P 合格投资人的自我修养 / 100

一、P2P 网络借贷投资常识 / 100

二、出借人的义务 / 101

三、合格投资人 / 101

四、P2P 网络借贷投资目的 / 102

五、合格投资人必须具备的素质 / 102

六、P2P 理财投资策略 / 103

第十二章　e 租宝维权案例分析 / 107

一、事件起因及历程 / 107

二、丁氏家族和"钰诚系" / 108

三、e 租宝声称的运营模式 / 109

四、e 租宝数据显示出的疑点 / 110

五、e 租宝庞氏骗局 / 111

六、e 租宝事件的法律分析 / 114

七、投资者怎样维权 / 115

参考文献 / 116

第一篇

P2P投资理财篇

第一章　初识 P2P

一、 P2P 的诞生

美国有几千家商业银行，而英国是银行业相对比较集中的国家，其国内的五大银行几乎垄断了整个行业。在这样的背景下，英国国内的个人与企业的贷款难度不断地增加，使得人们对于现状产生了不满。于是，2005 年，P2P 网络借贷平台鼻祖 Zopa 在英国诞生。

Zopa 被定位为一种直接连接贷款者与借款者的网络平台：借款者登录 Zopa 网站上传其借款申请；经过 Zopa 的具体匹配，贷款者借钱给他们，并获得一笔不小的贷款利率作为回报。同时 Zopa 作为平台，分别收取贷款者以及借款者相应不等的手续费。这一信贷模式凭借其高效便捷的操作方式和个性化的利率定价机制常常使借贷双方共同获益。此后 Zopa 得到市场的广泛关注和认可，其模式迅速在全球被复制和传播。随后，美国的 Prosper、LendingClub、Kiva，德国的 Auxmoney 和日本的 Aqush 等 P2P 网络借贷平台相继建立。

2006 年，中国的 P2P 网络借贷平台进入起步期，2007 年拍拍贷成为了中国第一家注册的 P2P 贷款公司，之后国内 P2P 网络借贷平台出现了百花齐放、百家争鸣的状况，宜信、红岭创投等平台在同期相继涌现（见图 1-1）。

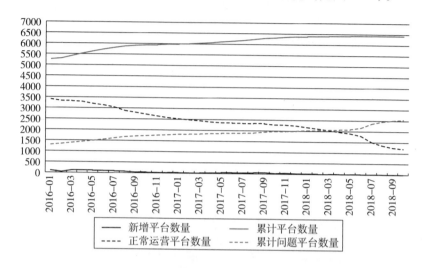

图 1-1　2016 年 1 月至 2018 年 9 月 P2P 网贷平台个数

二、　P2P 发展概况

截至 2018 年底，我国网贷平台数量前 8 位的地区，分别为：广东、北京、上海、浙江、山东、江苏、湖北、四川，由此可以看出，网贷平台大多集中分布于东部沿海地区。

（一）网贷平台的成交量

2018 年，整个网贷行业的成交量约为 17948 亿元，相比于 2017 年减少了 36%。2018 年是 P2P 行业成为"风口浪尖"的时期，平台问题开始集中在这一年爆发，原先那些看似比较靠谱、运营良好、资金和实力雄厚的平台开始出现各种各样的问题，比如逾期、跑路等。这导致人们开始不太信任 P2P 网贷平台，从而使成交量开始逐步走低，这是近几年最为严重的时期。

1. 野蛮爆发式发展结束，平台数量开始减少。P2P 行业从 2007 年发展至今，网贷平台由原先的十几家到 2015 年最顶峰时期的 3500 家以上，发展非常迅猛，但随着发展到达了瓶颈、监管趋严以及市场洗牌，一些没有实力的平台或者一些不正规的平台无法生存，所以 2015 年之后，平台数量开始减少。2019 年

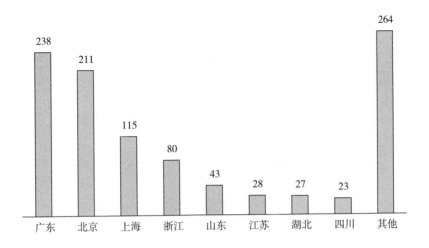

图 1 - 2　P2P 网贷平台的区域性分布

1 月 1 日零点，网贷之家对外发布《P2P 网贷行业 2018 年年报》显示，截至 2018 年 12 月底，国内 P2P 网贷行业正常运营平台数量下降至 1021 家，相比 2017 年底减少了 1219 家。截至 2018 年 12 月底，累计停业及问题平台达到 5409 家，P2P 网贷行业累计平台数量达到 6430 家（含停业及问题平台）。目前来看，新增平台数量已经变少，而问题平台依旧层出不穷，所以，未来平台的数量将依旧会呈下降趋势。

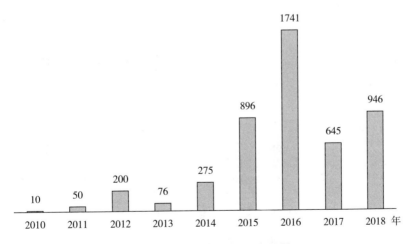

图 1 - 3　P2P 网贷问题平台数量

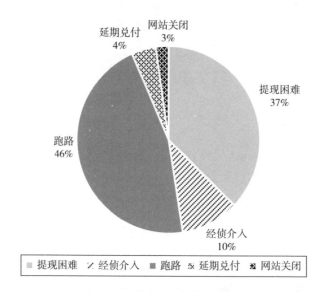

图 1-4 问题平台事件类型

2. 市场的活跃度开始降低，成交量开始萎缩。图 1-5 是 2011 年至 2018 年的网贷成交量，从成交量来看，2017 年以前，平台的增速是很快的，但 2018 年由于很多平台倒闭、跑路、清盘退出等，成交量下降。

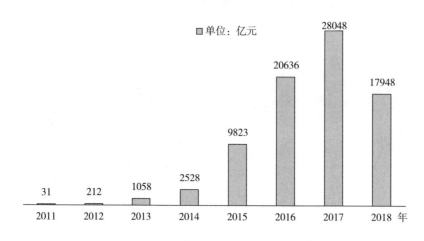

图 1-5 P2P 网贷行业年成交量

图 1-6 是 2014 年至 2018 年平台活跃的投资人数和借款人数。2017 年是网贷行业飞速发展的一年，但到了该年年末，整个行业开始呈现下降趋势，而且

平台活跃的投资者和借款者的数量明显开始减少，说明人们开始不太信任网贷行业。2018 年出现的平台"爆雷"事件加剧了人们对平台的不信任，虽然这样可以让一些不合规、实力差的平台退出市场，但由于整个行业都弥漫着恐慌信息，人们也不太愿意信任一些大平台，导致一些规模大、年代久、有一定实力的平台也因为没有太多活跃用户从而资金量急剧减少，这些平台也出现跑路、逾期、清盘和退出市场的现象，领头平台也开始出现资金净流出的现象。

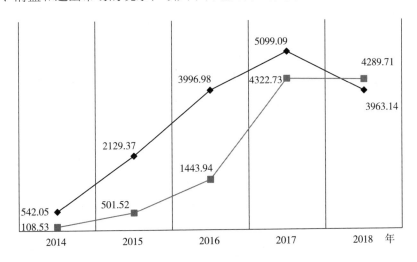

图 1 - 6 P2P 网贷活跃的投资人数和借款人数

（二）网贷平台的利率

图 1 - 7 是从 2010 年以来的网贷年综合利率。从 2007 年以来，网贷发展迅速，其利率也非常高，在 2013 年之前，网贷利率一直稳定在 20% 左右，而从 2014 年开始，网贷利率开始呈现明显下降的趋势。2014 年与 2013 年相比，网贷利率降低了 5% 左右，到了如今，已经开始非常接近银行贷款利率了。收益率下降的原因主要有以下两方面：一方面，政府监管制度开始落实和完善，为了能够符合监管制度，网贷平台的规范化成本提高了很多，同时，客户获得的难度也比以前大多了，P2P 网贷平台只能通过降低收益来平衡其他方面的支出；另一方面，随着监管制度的不断落实，一些通过高利率来吸引投资者的不合规平台被淘汰，行业的集中度随着平台的数量减少以及质量的加强得以提高，使得行业收益率走向了一个相对正常的水平。

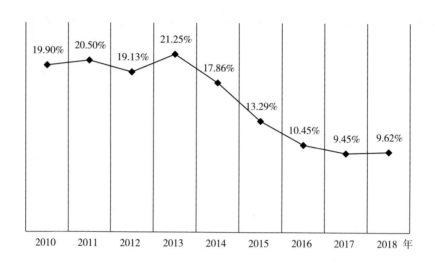

图 1 - 7　2010—2018 年 P2P 网贷行业综合收益率

图 1 - 8 是银行贷款利率的变动情况，从图中可以看出，虽然 P2P 网贷利率开始趋向于正常，但和银行贷款利率相比还是处于较高水平的。其原因有两方面：（1）运营成本低。不同于传统金融，P2P 网贷平台是依托于互联网的，其维护所需要的成本其实比实体平台低上很多。平台作为给借款者和投资者提供相互交流和协议的中介机构，可以收取一定量的"中介"费用于平台的维护。（2）借款人付出更高的利息。相对于银行方面来说，P2P 网贷的借贷机制使得

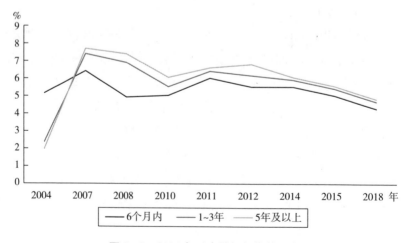

图 1 - 8　2004 年以来的银行贷款利率

其成交速度非常快及便捷，其门槛比银行更低。当然，虽然 P2P 网贷平台方便了借款者和投资者，但借款者要为这些服务埋单——付出更高的利息。

 【案例】

穷人银行家

"P2P"概念的起源可以追溯到 1976 年，孟加拉国经济学家穆罕默德·尤努斯（Muhammad Yunus）在一次乡村调查中，把 27 美元借给了 42 位贫困的村民，以支付他们制作竹凳，免受高利贷的盘剥，从而开创了小额融资的一种现代模式。通过这种模式的推广，他被称为"穷人银行家"，他因一手创办格莱珉银行（GrameenBank，意为"乡村银行"），"从社会底层推动经济与社会发展"的努力，获得了 2006 年度诺贝尔和平奖。

三、 P2P 的特点

在 P2P 网贷平台出现之前，申请贷款需要亲自到银行网点递交申请，提供诸多材料，之后经过很长时间的等待，审核通过才能获得贷款。但是由于银行对借款人的限制较多，一些个人及小微企业往往因缺乏抵押担保很难获得贷款。

在上述借贷的过程中，银行作为媒介，首先汇集个人存款，再发放给贷款人。而网络借贷的出现，使得资金绕开银行这个媒介，通过互联网自行将钱出借给平台上的其他人，平台制定一定的交易规则来保障交易双方的利益，并提供一些服务促进交易的完成。P2P 是相比于传统金融更加方便快捷的一种新型投资方式，即通过网络实现个人对个人的借贷行为，成为解决个人及小微企业融资难问题的一条有效路径。

其实，这种借贷方式最早的模型是民间借贷，只不过 P2P 是通过互联网这个平台而不是通过中间人介绍将双方连接起来。并且，P2P 要比民间借贷更加规范、模式化。P2P 网络借贷有如下的特点。

第一，参与者众多。P2P 网络借贷依附于互联网，而互联网遍布于人们的日常生活当中，P2P 网络借贷参与者是散点网络形式的多对多状态。参与者各式各样，其中主要以个体工商、有短期资金周转需求的借款人为主。P2P 网络借贷准入门槛低，参与方式便捷，借款人只要向 P2P 网络借贷平台上传个人信息，便能有机会获得借贷资金；并且 P2P 网络借贷采取的是分散投资的方式，贷款人可以将资金分散成若干份，分别投标到不同的借款标的，以此分散资金风险，正因为其参与便捷、风险分散的特点，得到大众人群的喜爱，因此参与人群众多。

第二，交易方式便捷、灵活。借款人如有资金需求，便可将包括借款金额、借款期限、借款利率、抵押还款方式在内的借款标的发布到 P2P 网络借贷平台上，贷款人再通过该平台进行投标，在规定的期限内标满，并通过平台审核借款人便可获得资金，P2P 网络借贷业务审核简便、快捷，在信用合格的条件下，能高效率地满足借款人的资金需求。

第三，风险与收益并存。P2P 网络借贷之所以发展迅速的另一原因在于其借款人的"高风险"性。P2P 网络借贷的借款人大多数是被传统金融机构所"抛弃"的，在传统金融市场得不到资金的客户，这造就了近年来 P2P 网络借贷行业的繁荣。然而探究被抛弃的原因，高风险成为不可忽视的因素，传统金融机构风险控制相对成熟，对于高风险的资金借贷一般不接纳，然而这些需求者为了获得资金就以高利率作为回报在 P2P 网络平台上进行借贷。另一方面，由于借贷双方均在虚拟的互联网世界中，对信息的真实性缺乏考证，且线下的信息价值认定成本太高，这使得贷前尽职调查不够仔细和认真，因此存在较大的风险。

🔆【重点提醒】

P2P 网络借贷绝不是如现在很多 P2P 平台所宣称的"保本保息"，在金融行业，高收益对应着高风险，请投资者理性投资。

四、 国外典型平台

（一）英国典型平台 Zopa

Zopa 是英国最大的 P2P 借贷公司。公司自成立起共进行过四轮融资用于公司发展，总计 7160 万英镑。借款用途前三种为汽车贷款、偿还信用卡贷款、购买家庭必需品消费贷款。目前，Zopa 运营模式中的最大特点是，投资者的回报率与借款者的借款利率都由 Zopa 决定。与此同时，作为 P2P 借贷平台，Zopa 并不提供借款者与贷款者的直接联系，贷款者无法看到自己将钱借给了谁，完全是由 Zopa 平台负责将资金借出去。

1. 潜在借款者通过 Zopa 平台提供的贷款计算器，查看有可能申请到的预期贷款利率，如果对于利率满意的话，就进行注册，并上传具体贷款申请。

2. Zopa 收到借款申请后，为潜在借款者制定其最终借款利率，并将结果告知潜在借款者，如果他接受了最终借款利率，则正式成为 Zopa 的借款者，等待借款成功。

3. 投资者决定投资期限，然后将钱汇入 Zopa 的账户。

4. Zopa 平台收到投资者的投资申请，将投资者资金分成 N 份 10 英镑，借给不同借款者，等待借款者被分到足够借款金额，Zopa 会将钱汇给借款者。

5. Zopa 负责收集借款者每月还款，并汇入投资者的 Zopa 账户，投资者可以选择将钱取出，或者继续投资。

图 1－9　Zopa 网贷平台运营流程

在 Zopa 的运营流程中（见图 1－9），只需要五步，借贷就完成了。其中，Zopa 为了分散风险，平台将投资者的资金分成 N 份 10 英镑借出。但是，如果投资者的投资金额超过 2000 英镑，那么投资者的资金最多只能被分到 200 个不同借款者手中。

（二）美国典型平台 LendingClub、Prosper 和 Kiva

美国 P2P 网贷平台总体上可分为营利性与非营利性两类。其中营利性平台按其职能和目标又可以分为单纯中介型和复合中介型，单纯中介型公司在借贷过程中只提供平台而不参与交易，而复合中介型公司除了提供交易平台以外还提供担保、联合追款、利率制定等职能。规模最大的 Prosper 和 LendingClub 都是营利性平台，但这两家平台公司的经营模式并不相同，而 Kiva 则是具有代表性的非营利性 P2P 借贷平台。

1. LendingClub。公司于 2006 年 10 月在特拉华州以"SocBank"的名字成立，之后于 2006 年 11 月更名为 LendingClub，是美国目前规模最大的一家 P2P 网贷平台。自 2007 年成立以来，LendingClub 每年的贷款金额的增长率都在 100% 以上，贷款数量的增长率均大于 100%（除 2011 年为 70% 以外）。

LendingClub 通过与美国联邦存款保险公司（FDIC）担保的犹他州特许银行 WebBank 合作，由 WebBank 向通过审核的借款用户放贷，WebBank 再将贷款以凭证形式卖给 LendingClub，并获得由 LendingClub 发行会员支付凭证的资金。投资人和借款人没有直接的债务债权关系，LendingClub 和 WebBank 也不承担贷款违约的风险。借款人每月通过银行账户自动将还款转给 LendingClub，再由 LendingClub 转给投资人。

投资人的每笔投资不得低于 25 美元。投资人需要满足一定的条件才能投资：（1）年收入在 7 万美元以上并且净资产（不包括房产和汽车）在 7 万美元以上；或（2）净资产（不包括房产和汽车）在 25 万美元以上。加利福尼亚州的投资者需要具备的条件：（1）年收入在 8.5 万美元以上并且净资产（不包括房产和汽车）在 8.5 万美元以上；或（2）净资产（不包括房产和汽车）在 20 万美元以上；不满足条件者只能做 2500 美元以下的投资。肯塔基州的投资者需要满足证券法关于合格投资人的条件。

自成立到 2014 年 2 月，LendingClub 只提供个人信贷服务，2014 年 3 月开始上线商业信贷服务，2014 年 4 月公司收购 Springstone 公司，开始提供教育和医疗信贷服务。

（1）个人信贷。LendingClub 提供额度从 1000～35000 美元的个人无抵押贷款，1000～9975 美元的贷款只能申请 3 年的期限。初始到期日为 3 年的贷款如果不能按时还款，可以将最终到期日扩展到 5 年；初始到期日为 5 年的贷款，最终到期日仍为 5 年且不可扩展。个人贷款分为四类：合并债务贷款、信用卡支付贷款、家庭改善贷款和游泳池贷款。其中，游泳池贷款是 LendingClub 的一种创新。2011 年 5 月 2 日 LendingClub 宣布 Pool orporation 将通过 LendingClub 在个人信贷方面投资 200 万美元，用于刺激游泳池和 Spa 的销售。LendingClub 应用创新的理念成为上市公司为其潜在客户提供融资的平台。

（2）商业信贷。商业贷款的额度为 15000～100000 美元，期限为 1～5 年。

（3）教育和医疗信贷服务。LendingClub 目前只能通过 Springstone 公司提供教育和医疗信贷，但公司计划未来能够直接通过 LendingClub 平台提供教育和医疗融资产品。目前教育和医疗融资额度为 499 ~ 40000 美元。

除此之外，LendingClub 的子公司 LC Advisors，专门为合格投资人提供投资管理服务。LC Advisors 作为普通合伙人成立了五只投资基金，同时成立信托来管理这些基金。这些基金通过不同的投资策略来购买 LendingClub 发行的凭证。据了解，这些基金最多只能有 100 位投资人，而且每人的最低出资额为 50 万美元。除了成立了投资基金，LCA 还设立了分离管理账户（SMAs）来增加合格投资人的投资途径。使用分离管理账户的投资者对投资策略有更强的控制力。LCA 还为通过第三方机构在 LendingClub 平台上管理投资的合格投资人提供服务。

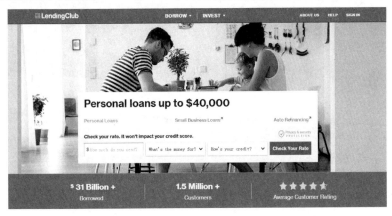

图 1 – 10　LendingClub 首页

2. Prosper。Prosper 是美国 P2P 网贷市场的第二大企业，于 2006 年 2 月在美国成立，是美国第一家 P2P 借贷平台。

Prosper 的模式类似拍卖，借款方寻找愿意以最低利率出借的出资人，而投资者寻找愿意支付更高利率的借款人，双方的重要参考指标就是个人信用评分。投资者先将一笔钱存进 Prosper，再按照类似拍卖的步骤进行竞拍，投资者在平台上可以看到借款人的信用状况，也可以问借款者问题，从而最后决定下标的最低利率和放款金额。如果最后集资总额达到了借款目标，那么 Prosper 就以当时最高的借款利率为准放款给借款人。放款者将会拿到证券化的债权，Prosper 会发行一个和借款相同金额的债券给放款者持有，借款方每个月固定还款。

Prosper 平台做的工作就是确保安全公平的交易，包括贷款支付和收集符合借贷双方要求的借款人和出借人。网站靠从借贷双方收取手续费盈利，从借款人处提取每笔借款1%～3%的费用，从出借人处按年总出借款的1%收取服务费。

借贷双方在网络平台上完全自主交易，Prosper 不会干预交易过程。出借人根据借款人的个人经历、朋友评价和社会机构的从属关系来进行审查。为控制信用风险，Prosper 对所有借款人进行信用评级并据此确定其借款利率。

图 1 – 11　Prosper 首页

🔆【重点提醒】

LendingClub 和 Prosper 在借贷过程中，均作为独立第三方提供服务，不提供信用担保功能。

3. Kiva。Kiva 成立于 2005 年，是联系欧美出借人与发展中国家借款人（以企业为主）、提供跨境小额贷款服务的公益性 P2P，以消除贫困为宗旨。

Kiva 同世界各地小额贷款机构合作，采取"批量出借人 + 小额借贷"的形式开展业务。各小额贷款机构通过多种形式获取贷款申请者的基本信息，公布在 Kiva 网站上。网站模仿网上商店的做法，根据偿还前期贷款的情况、经营时间和贷款总金额等把申请者分级。放款人选择放贷对象，然后将资金转移给Kiva网站，Kiva 则把资金以免息或很低的利息借贷给相应的小额贷款机构，然后这些机构再以一定利息将资金借贷给需要的穷人。Kiva 利用国际贸易支付工具PayPal 实现跨国资金转移，放贷过程快速便捷。Kiva 生存发展的资金主要来源于社会捐赠、企业赞助、基金会等，其提供的贷款免息或利息很低。Kiva 与世界各地的微金融组织、社会组织、学校和非营利组织建立伙伴关系，通过合作伙伴发放贷款、监督贷款使用情况、回收贷款，解决信息不对称问题。

【案例】

Kiva 的真实借贷案例

Kiva 的宗旨是"授人以渔"，现在的关键在于许多人都知道如何"捕鱼"，但他们缺乏起步资金购买"渔船"和"渔网"。如果他们有了启动资金，就能挣钱养家糊口，继而让孩子接受教育、支付医疗费用，过上自给自足的生活。

乌干达的格雷丝·阿亚是 4 个孩子的母亲，她的丈夫在战乱中丧生。为了养活整个家庭，格雷丝开始制造并出售花生酱，作为营生的手段。由于使用旧的工具和方式，格雷丝制作花生酱的速度非常慢，无法赚足够的钱养活全家，于是她省吃俭用购买了一台加工器，让她尽快满足顾客的需求，得以养家糊口。

出于敏锐的商业头脑，格雷丝认为自己可以做得更好。她可以制造更多花生酱，但是由于没有冰箱，无法长期保存。借由从 Kiva 处得到资金，格雷丝不仅购买了冰箱，还买了包装材料和更多制作花生酱的原料。如此一来，她的生意逐渐扩大，顾客也越来越多。如今，格雷丝已经攒钱买下了一小块地，正计划从 Kiva 申请贷款为孩子们建一所房子。

（三）其他国家和地区的典型平台

德国的 P2P 由 Auxmoney 和 Smava 两家公司垄断，它们均从 2007 年开始运营，借助网络平台，为个人和个人间借贷提供小额贷款中介服务。

Auxmoney 不强制对借款人进行评级，但要求借款人必须满足一定条件。德国网贷公司要求借款人将资金需求挂在网络平台，内容包括借款金额及最高可承受利率，贷款人展开竞标。Auxmoney 和 Smava 都不承担信用风险，在 Auxmoney，由贷款人承担所有风险；在 Smava，贷款人可采用两种方式规避风险：一是委托 Smava 将不良贷款出售给专业收账公司，通常可收回 15% ~ 20% 的本金，二是利用"同类贷款人共同分担"原则分担损失。

在澳大利亚，P2P 行业属于起步阶段，2012 年成立的 Societyone 是澳大利亚最大的网贷平台。Societyone 与 Zopa 类似，但由于缺乏信用数据，导致公司发展相对缓慢。但随着一笔来自西太平洋旗下创投公司的 850 万美元投资，Societyone 成为了自 2005 年 P2P 网贷兴起以来的第一家获得大型银行直接投资的平台。虽然 Societyone 发展缓慢，但这种谨慎的发展方式能够使它们更好地为投资人服务。

而在非洲 P2P 网贷是南非人非常熟悉的借贷形式，其代表平台是 Lendico。Lendico 由非洲互联网公司推出，借款人免费在网站登记借款需求和借款项目，任何形式的借款项目都可以。Lendico 通过分析借款人的信用状况，就他们的风险状况进行利率定价。借款人被分为不同的风险等级，利率从 7.11% 至 21.56% 不等。投资人可以先在网上查看和竞标他们想要的借款项目，最低从 250 南非兰特（约合 148 元人民币）开始。

五、 P2P 理财操作流程

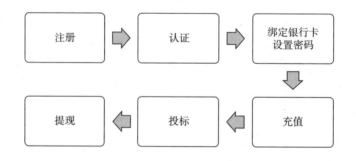

图 1 – 12 P2P 理财操作流程

第一步：注册。填写的信息一般为：用户名、密码、确认密码、邮箱、真实姓名等。需要注意的是一般平台一个身份证只能注册一个 P2P 账号，一个手机号以及一个邮箱号。

第二步：认证。当页面自动跳转至您的个人账户的时候，请根据网页上的提示进行实名认证以及银行卡信息认证，请注意您的实名认证要与您的开户名称一致。除此之外，还需认证邮箱、手机号码等个人信息。如果中途出现更换手机号码以后，一定要及时和客服取得联系。而关于实名认证的事情，并不是每个平台都强制要求的。

第三步：绑定银行卡并设置交易密码。提前设置好用于提现的银行卡信息，主要是开户银行、开户行名称（××分行××支行××分理处或营业部）和银行账号。一般来说，绑定的银行卡应已开通网银，且账户余额大于 5 元。同时需要注意的是所设置的交易密码最好不要和登录密码一样，以加强安全性。另外，绑定默认申请提现的银行卡，为了资金安全一部分平台会设置成不能变更。

第四步：充值。充值方式主要有在线充值和线下充值。待后台审核成功后就可进行账户充值，账户充值成功后就能进行投资理财操作，账户所显示的可用余额就是所充值金额，此时就能进行投资操作了。值得注意的是，有些平台充值是不收费的，有些则要收取一定的费用，在充值之前看好平台的相关消息，过程按照步骤走就可以了，耐心等待返回充值成功页面。

第五步：投标。用户可以选择收益合适的项目，点击"投资"按钮，前去投资。

第六步：提现。进入提现账户设置界面，正确填写自己用于接收提现款的银行卡卡号及开户行支行名称。银行卡号的开户人姓名必须与网站账户的真实姓名一致，确定提交；提现账号设置后，在登录界面，输入交易密码和提现金额，点击申请提现，一般会在一个工作日内到账。

这就是 P2P 投资的流程。另外关于提现，一般提现被扣钱会有这几种情况：一是平台原本就设置了手续费，二是支付平台扣除的手续费，三是投资未到期发生了强制提现或是转让了标的所致。

【重点提醒】

P2P 平台上一般都会有新手指引板块，可进入该板块，阅读相关的投资流程。

第二章　P2P 商业模式介绍

一、 P2P 平台的主流商业模式

P2P 行业结合了金融行业、服务行业、互联网行业，其商业模式也具有这三个行业的特点，平台的价值主张是为借贷双方提供服务，使贷方能够从更方便的渠道获得较低成本的资金，使借方能够以便捷的方式获得较高的收益；人才和创新是价值创造的重点，且平台创造价值都是借助于互联网平台和大数据，不需要像传统企业一样建造工厂购买设备投入大量资金，准入门槛低；价值传递的方式主要有线上或线上线下相结合，每个平台通过不同的渠道传递价值，在传递过程中对风险的控制是区分平台核心竞争力的关键点；获取价值的方式还是类似于传统的金融行业，基本是通过收取管理费或资金运作的利差。

（一）线上纯中介无担保模式

拍拍贷全称为"上海拍拍贷金融信息服务有限公司"，于 2007 年 6 月成立，是国内首家 P2P 网贷平台。拍拍贷在过去几年中一直坚守纯线上模式，获得了资本市场的青睐，分别于 2012 年 10 月完成 A 轮融资、2014 年 4 月完成 B 轮融资、2015 年 4 月完成 C 轮融资，也是国内 P2P 行业首个完成 C 轮融资的网贷平台。2017 年于美国纽交所成功上市，12 年来累计用户数过 8000 万，累计成交金额过 1300 亿元，累计为用户赚取过 48 亿元。拍拍贷的商业模式要点如下。

1. 运营模式。拍拍贷的在线借贷过程主要借鉴的是美国 Prosper 的竞标模式，利率以市场化的方式来决定，拍拍贷只设定最高的贷款利率。平台本身不参与借款，只承担信息匹配、工具支持和服务等功能，不承诺垫付本息，投资者承担全部投资风险。

2. 操作流程。借款人首先在网站进行注册，填写借款的金额、使用用途、还款期限、最高年利回报率等重要信息，然后上传各种认证信息包括身份证明、视频认证、户口证明、手机实名认证、淘宝商家认证等，学历信息的认证是通过教育部学历学位系统来查询的。拍拍贷根据适用人群、申请条件、贷款额度的不同将标的分为普通借款标、网购达人标、应收安全标、网商用户标、私营企业主标和莘莘学子标，并对每一种标的申请条件、额度和年利率作了一些规定。网站对借款人信息审核完成认证之后，会根据信息赋予借款人相应的信用评级。之后投资者可以用自有资金以不高于借款人设定的利率进行全额或部分投标。筹款期限满，若满足借款人要求的投资金额超过借款金额，则利率较低的投资者中标，若投标资金没达到借款人的要求，则该项借款失败。网站自借款成功后自动生成电子借条，借款人需每月按规定还款。

3. 风险控制。首先，拍拍贷与数十家权威数据中心建立合作关系，包括公安的身份查询中心，可以在这些权威的数据库中证实借款人的身份信息。其次，利用自有研发的信用审核体系对借款人进行综合评级，主要依靠互联网上的碎片化信息进行分析，包括社交数据，如微博、QQ 等，以及获得一些网站平台的共享信用信息，如支付宝、慧聪网等。用大数据的方法综合分析借款人的各种数据以判定其违约率，作为借款人贷款额度和利率的判定基础。

4. 盈利模式。拍拍贷是纯粹的信息中介平台，因此相对于其他的网贷平台，拍拍贷的盈利模式较为单一，利润来源于一些常规的服务性收费，如成交服务费、第三方充值取现费、逾期催收费和 VIP 会员费。

（二）债权转让模式

宜信公司创建于 2006 年，总部位于北京。目前已经在 182 个城市（含香港）和 62 个农村地区建立起全国协同服务网络，通过大数据金融云、物联网和其他金融创新科技，为客户提供个性化的普惠金融与财富管理服务。该公司在支付、网贷、众筹、机器人投顾、智能保险、区块链等前沿领域积极布局，通过业务孵化和产业投资参与全球金融科技创新。宜信的商业模式要点如下。

1. 运营模式。宜信提供贷款的对象主要为工薪阶层、大学生、私营企业主和农民，它是从传统的民间借贷发展而来的一种债权转让模式。通过线上撮合借贷交易，再通过线下全国各地的机构进行风险审核，主要业务在线下进行。宜信不再是单纯的 P2P 中介，而是直接参与到交易中来。

2. 操作流程。首先，有借款意向的人向宜信公司提出贷款请求，对通过审核条件的借款人，宜信 CEO 唐宁与借款人签订标准借款合同，资金转到借款人账户。然后，宜信将唐宁名下的债权和潜在投资者的投资额、投资期限和预期利率进行匹配，将债券转让给匹配的投资者签订标准债券转让合同，资金就从投资人账户到了唐宁的账户。宜信的这种模式主要在线下完成，2012 年，宜信推出真正意义上的线上 P2P 网络借贷平台——宜人贷。截至 2018 年 6 月 30 日，宜人贷累计服务了超过 140 万借款用户和 150 万出借用户，累计促成借款总额达 976 亿元。

3. 风险控制。宜信的风险控制体现在四个方面：一是严格的信用核查，对贷款人的身份、工作、房产、学历、资产等进行严格的信用审核，同拍拍贷类似，宜信也引入人民银行的个人信用报告来评价借款人信用等级；二是风险保证金，如果借款到期收不回来，宜信会动用保证金支付出借人的本金和利息；三是资金分散，将投资者的资金分配到多个借款人的手中，最大限度地降低资金风险；四是法律保障，在债权转让过程中签订的合同受《合同法》保护。

4. 盈利模式。宜信相对于纯线上的平台具有更多的盈利来源，除了向借贷双方都收取服务费之外，还有债权转让费、借贷间的利息差以及一定比例的保证金，但是其线下业务的成本也比较高。

（三）信贷资产证券化模式

陆金所全称"上海陆家嘴国际金融资产交易市场股份有限公司"，于 2011 年 9 月在上海注册成立，注册资金 8.37 亿元人民币，是中国平安保险（集团）股份有限公司旗下成员之一。陆金所是中国平安集团倾力打造的网络投融资平台，旗下的理财产品包括本息由平安融资担保（天津）有限公司提供全额担保。陆金所的商业模式要点如下。

1. 运营模式。陆金所是典型的信贷资产证券化模式，其本质是把平安集团旗下的小额信贷和担保产品放到线上销售，把不流动的资产进行证券化组合使其运转起来。陆金所发放的不再是信用贷款，每笔借款要么由第三方担保公司担保，要么要求借款人提供一定的资产进行抵押，是一种有抵押有担保的模式。

2. 操作流程。用户先在网站页面注册，完成实名认证就可以借款或投资。借款人需先填写信息上传材料申请借款，通过申请后客服会联系签约。目前陆金所是房、车、保单有一种就可借款，房产的贷款额度为 2 万～15 万元，私家车的贷款额度为 1 万～30 万元，寿险保单的贷款额度为 2 万～15 万元，陆金所还推出最高 3 万元的信用贷款。投资者绑定银行卡充值后就可在投资列表筛选竞拍，为了保护借款人隐私，陆金所的借款人信息只显示与借款相关的基本内容。借款的发放和收回均由陆金所代理，借贷双方不直接接触。

3. 风险控制。陆金所依靠平安集团在金融行业多年的风控经验，具有严格审核借款人信息的标准流程，可以对风险作出准确的判断。具体的风险控制体现在五个方面：一是由担保公司全额担保稳盈—安 e 产品的本息；二是采用国内领先的技术加密，配合手机短信动态码验证保证交易安全；三是委托第三方机构进行资金管理，制定严格的资金管理流程和系统保障资金安全；四是采取各种合适的物理、电子和管理方面的措施来保护数据，以实现数据和信息安全；五是具有自身、集团、政府三级监管体系，从各方面保护投资者的利益。

4. 盈利模式。陆金所目前具体的利润来源有两部分，一是线上 P2P 赚服务费，二是线下非标资产赚利差。其中手续费等中介费并不是陆金所的主要利润来源，将小额贷款证券化让其流通的息差收入才是陆金所的主要盈利方式。

（四）自有资金担保模式

红岭创投为红岭创投电子商务股份有限公司旗下的互联网金融服务平台，于 2009 年 3 月正式上线运营，注册资本 5000 万元，地址位于深圳市益田创新科技园。公司成立当年交易量为 889 万元，2018 年这一数字已达到 28015.63 万元，跃升为国内网贷行业交易额最大的企业之一。伴随着平台规模的壮大，红岭创投也在默默转型。2011 年起，红岭创投从最初针对个人、小额、分散的借贷转向为创业初期的中小微企业提供资金支持。红岭创投的商业模式要点如下。

1. 运营模式。红岭创投是行业内第一个打出"本金垫付牌"的网贷平台，一方面以自有资金保证借款人的资金安全，另一方面加强对借出资金的后续管理和逾期贷款的催收，同时担任中介人、担保人和追款人多种角色。单从运作模式上看，红岭创投与运作较为成熟的阿里小贷类似。不同的是，阿里小贷靠淘宝、天猫掌握着亿万客户的交易数据和信用积累、商户的运营和财务状况，可以轻易地对企业和个人进行信用评价。相较于电商，红岭创投单纯的借贷平台在小微企业融资方面显然不具优势，但是，红岭创投通过自有资金发力股权投资，长期为中小微企业提供贷款服务以及网络借款业务积累下的大量企业资源构成了红岭创投风险投资的独特优势。

2. 操作流程。企业首先在红岭创投的网站注册提交基本资料提出申请，初步审核通过，红岭创投专门的考察员将上门考察企业的经营状况、财务状况等情况，综合考虑各种情况评估企业项目的发展可能性及还款能力，确定企业的借款额度和抵押物，最后双方签订借款合同。一系列的线下审核流程和法律手续结束之后，企业就可以在红岭创投的官网发布借款信息，之后投资者就可以在借款信息列表中进行投标。

3. 风险控制。红岭创投的本金垫付模式，使 P2P 网贷平台背离了其最原始的信息中介功能，这是在国内征信体系不完善、监管缺失下的"中国式 P2P"。这就导致本应由分散投资者承担的坏账风险都转嫁到平台上，极大增加了平台的运营成本。红岭创投的垫付资金主要来源于三个方面：一是从利润中抽出一部分作为风险备用金，作为坏账的首要垫付资金；二是投资者利息的 10% 也作为保障金，在备用金不充足时使用；三是对 VIP 会员收取的年费，网站 100% 垫付 VIP 会员的逾期或是坏账本金，对于非 VIP 投资者发生的坏账，网站只垫付 50% 的损失本金。此外，红岭创投设置专门的风控部门，分为项目考察、资信审核和贷后管理三个组。借款成功后，贷款管理组将不定期进行贷后管理，重点考察抵押物是否转移、借款项目运转是否正常等。

4. 盈利模式。红岭创投的自有资金垫付模式的盈利能力比一般的网贷平台要高，除了对借贷双方都收取中介服务费，还有一部分的会员费，但平台最大的收入来源还是企业贷款和个人投资者之间的利差。当然，红岭创投对借款人资格审核以及逾期欠款催收方面也比其他平台投入了更多的人力、物力和财力。

图 2-1 红岭创投

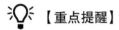【重点提醒】

虽然现在 P2P 平台的运营模式眼花缭乱，但在国家的逐步监管规范之下，有的模式将成为历史，更为规范的模式会诞生，这是一个不断变化前进的过程。以红岭创投为例，在业内以大额标的闻名，单一标的甚至可以超过 1 亿元。2016 年 8 月网贷监管细则正式出台，其中明确规定了自然人在单一平台借款上限为 20 万元、法人或组织的借款上限为 100 万元，红岭创投等一批大额标的平台所受影响最大。

二、 P2P 债权标的分类

在 P2P 行业内，习惯把投资产品称为"标的"，投资 P2P 就是投资 P2P 标的。下面介绍一些常见的标的。

（一）秒标

秒标是 P2P 网贷平台为招揽人气发放的高收益、超短期限的借款标的，通常是网站虚构一笔借款，由投资者竞标并打款，网站在满标后很快就连本带息还款。这种标一般上线后几分钟内就会被抢完。但如果平台在一段短时间内大量发出秒标，也很有可能是平台跑路前的"圈钱"预告。

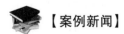【案例新闻】

发秒标的纯诈骗平台

天源财富的诈骗手段很能体现当下跑路平台的共性。天源财富上线后，大量发行"秒标"与"天标"。"秒标"和"天标"作为对资金流动性有要求的投资人首选的短线标，是 P2P 平台聚集人气的营销手段，然而现在却成为了诈骗平台吸引投资者的诱饵。

"秒标"通常是平台虚构一笔借款，让投资人给网站打款，标满后 P2P 网贷公司立即给投资人回款，并加上利息。正因为能马上回款，收益较高，吸引了一批"秒标"投机者，也叫"秒客"。与此相对应的天标，是以天为单位，回款的期限一般不会超过 30 天。

然而，"秒标""天标"多为虚假借款，对真正的借款人没有任何帮助。这类超短期标，反而给 P2P 平台提供了极大的套利空间，因为资金都掌握在平台手里，使得平台能够在短时间内达到圈钱目的，这也是导致跑路的重要因素之一，捞一笔就走其实在计划之中。

资料来源：网贷天眼，https://tyjhgroup.p2peye.com/。

（二）净值标

净值标是网贷借款中的一种标，是投资人以个人的净投资作为担保，在一定净值额度内发布的借款标。一般风险较小，预期利率较低。但是这种标的风险是一种隐含风险，如果出现循环抵押，投资人可得到数倍的投资额度，但随之而来的风险也是数倍的放大，也就是经济术语中的杠杆效应。这实际上是一种风险投资，一般投资人是不应该介入的。

网贷平台的高利率普通标常常供不应求，哪里有供不应求的稀缺资源，哪里就有套利空间，网贷黄牛也就应运而生。可以说，净值标的出现，为网贷黄牛的滋生提供了土壤和契机。净值标基本都是黄牛在操作，黄牛是从早期的普通网贷投资者中分化出来的，发布净值标最开始为解决其自身的流动性紧张，后来职业黄牛发现这种方式之后便开始套利。

我们来了解一下网贷黄牛的套利逻辑。以 10000 元初始本金、净值系数 0.9、普通标年利率 20%、净值标年利率 15% 为例。投资人 A 按照规则发布 9000 元的净值标，获得 9000 元后，又将这 9000 元投普通标，获得 8100 元净值额，再次发 8100 元的净值标，获得 8100 元后再次投普通标，获得 7290 元，如此循环，则 A 应获得收益为：10000 × 20% 的年利息 + 其所能够撬动的资金即 90000 元 × 5% 的利差。

净值标之所以会产生这种结果，主要在于以原有债权为担保设立净值借款后，虽然增加了负债，但原有的债权依然存在，当以得到的负债资金再次投资后，又产生了新的债权。总之，债权依然在网贷黄牛手里，这是净值标得以形成杠杆的基础。经过测算，理论模式下的净值杠杆系数 = 1/（1 – 净值系数）。当网贷平台的净值系数为 0.9 时，杠杆系数为 10 倍；当网贷平台的净值系数为 0.5 时，杠杆系数为 2 倍；可依此类推。

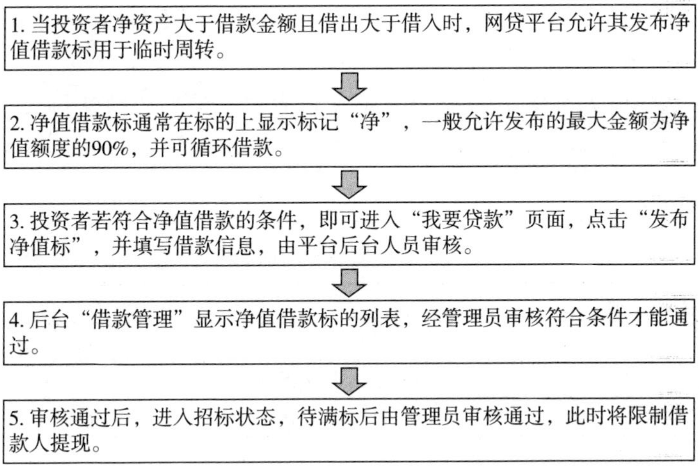

1. 当投资者净资产大于借款金额且借出大于借入时，网贷平台允许其发布净值借款标用于临时周转。

⬇

2. 净值借款标通常在标的上显示标记"净"，一般允许发布的最大金额为净值额度的90%，并可循环借款。

⬇

3. 投资者若符合净值借款的条件，即可进入"我要贷款"页面，点击"发布净值标"，并填写借款信息，由平台后台人员审核。

⬇

4. 后台"借款管理"显示净值借款标的列表，经管理员审核符合条件才能通过。

⬇

5. 审核通过后，进入招标状态，待满标后由管理员审核通过，此时将限制借款人提现。

图 2 – 2　净值标发布流程

（三）抵押标

抵押标是借款人以一定的抵押物，比如房产或汽车等，作为担保物在平台发布的借款标。发布抵押标前，抵押物一般要经过专业评估后并在相关部门，如房管局或车管所办理抵押登记手续。发布抵押标的借款人必须在约定期限内如数归还借款，否则出借人有权处理抵押物，用于偿还约定的借款本金、利息、罚息、违约金等其他费用。抵押物范围：个人所拥有的、可完全支配的住宅、公寓、别墅、里弄、房改房等商品住房，商铺、写字间等商业用房，车辆等。

例如，某抵押标是以厂房作为抵押物，评估价值为 700 万元，授信额度给到 210 万元（按照行业内的惯例，估值是时价，而抵押物的市场价格是不断变化的）。一般认为，抵押标会比较靠谱，这是因为如果借钱的人还不起债，可以处理抵押物来做偿还。

但是即使有抵押物，也不见得就真的靠谱，比如一物多贷，就是说借钱的人用一套房子向银行抵押做了贷款，同时又拿着房产本找 P2P 网贷公司做了贷款（甚至用一套房子在多个网站上做贷款），毕竟多数 P2P 网贷平台是没有能力快速搞清楚这件事的，而且他们也不会真的把房产证压在手里，这种情况下，一旦出现违约，借款人跑路了，这套房子不见得只有 P2P 平台的用户拥有债权，可能还会有更大的金主（比如银行）。所以，抵押标的风险关键是抵押物是否真正掌握在 P2P 网贷平台的手里，这点作为初级投资者来说真的很难辨别。

（四）流转标

流转标是债权人将手中的优质债权分割成若干份额，原债权人与受让人按照约定的份额享有合同权利，成立按份债权，原债权人保证在投资期满如约回购债权。

表 2-1　　　　　　　　　　　流转标和抵押标的比较

流转标和抵押标的区别：		
	流转标（贷）	抵押标（贷）
计息方式	即投即计息，资金无闲置	满标计息
还款方式	按月付息，到期还本	按月付息，到期还本
是否可转让	否	是
流转标和抵押标的相同点：		
	流转标（贷）	抵押标（贷）
是否有抵（质）押	有	有
是否有本息保障	是	有

【重点提醒】

个人投资者需要有甄别借款人的能力，但遇到无法确认和识别的时候，则选择值得信赖的 P2P 平台更为重要。

（五）信用标

信用标是一种免抵押、免担保、纯信用的贷款标。P2P 网贷平台对借款用户的个人信用资质进行审核，对符合借款条件的借款方标注为信用标发布到 P2P 网贷客户端。因为信用标完全靠借款人的个人信用，无抵押物、无担保，还款来源完全在于借款人的个人信用，在国内信用体系尚未完善的情况下，难以核实借款人的个人信用，所以具有较大的风险。某些 P2P 网贷平台的信用标主要面向公务员、医生或教师等机关企事业单位的在编人员。

（六）担保标

担保借款标通常标记"担"字，是可信担保根据借款人扫描上传的资料进行审核，担保人以其平台的净资产或其拥有的平台股权质押做担保，根据借款人的信用状况担保人和借款人之间协商并签订抵押担保手续，确保风险控制在合理的范围内。如借款人到期还款出现逾期，由担保人垫付本息还款，债权转让为担保人所有。

三、 P2P 收益计算方式

（一）收益的构成

一般而言投资者的收益主要包括利息与奖励两部分，利息为固定的，奖励部分因平台而异，有的平台刚上线或做活动时，一般会增加奖励部分利息。计算公式如下：

$$利息 =（期限/年）\times 年化收益率 \times 本金$$
$$奖励 = 本金 \times 奖励率$$

 【案例】

收益的计算

0122-634胡先生捷达质押续借1.2万元　　　　　信用等级：AA　　　　　　　77%

借款金额：1.2万元　　年利率：19.20%　　还款方式：按月付息，
借款期限：3个月　　奖励：0.45%　　　　到期还本　　　剩余时间：17：22：99

此图中显示的标的，利息和奖励的计算如下：

$$利息 =（期限／年）\times 年化收益率 \times 本金$$
$$=（3 个月／12 个月）\times 19.20\% \times 12000$$
$$= 576(元)$$
$$奖励 = 本金 \times 奖励率 = 12000 \times 0.45\% = 54(元)$$

当然，这里的"本金"指的是您实际投资的金额。

(二) 怎样理解年化收益率

年化收益率仅是把当前收益率（日收益率、周收益率、月收益率）换算成年收益率来计算的，是一种理论收益率，并不是真正的已取得的收益率。

现在 P2P 平台对投资人公布的利率一般都为年化收益率，而这个利率数字并非简单地与本金相乘即为收益，而是要根据借款期限来定，假设某平台给出年化利率 12%，而借款期限为 6 个月，那么实际收益率为 $12\% \div 12 \times 6 = 6\%$。

(三) 收益计算方式

1. 按月付息，到期还本。先算出全部利息收益，然后按月平均返还，项目到期后，再返还投资人全部本金。以可投可贷为例，某借款标年化收益率为 12%，期限为 6 个月。某投资人出借 10000 元，则实际收益为（$12\% \div 12$）×10000 元×6 个月 = 600 元，则每月付息 100 元，6 个月后还本金 10000 元。

图 2-3 收益计算方式

2. 一次性还本还息。一般适用于短期而且金额小的借款项目，简单明了，无须赘述。

3. 等额本息。等额本息就是将贷款本金的总额与最终获得利息总额相加，即借款人要还的总金额，然后将这总金额按照规定的还款期限平均到每月还给投资人。站在投资者的角度上来看，这种还款方式有两个显著的优点：

第一，带来极大的资金灵活性。从第一个月开始，投资人每个月都能获得相同的本金和利息，投资者不用再担心投资期限较长造成的本金无法及时返还的情况。资金在等额本息项目中真正实现了有利的灵活周转。

第二，带来高额的复利收益。投资者可以将每月返还的本金和利息用于其他项目的再次投资之中，即使是一小笔钱也能为其实现高额的复利收益。

4. 等额本金。对于投资者而言，该种还款方式的收益相较于等额本息来说更小。简单讲，就是将全部本金按借款期限平均分，然后每月返还等份的本金。至于利息计算方式，需在扣除上一月已返还本金的基础上，计算当月利息，因此等额本金下的利息收益是逐渐降低的。

【重点提醒】

等额本息还款方式，对于投资者是上好的选择，不过反过来，对于借款人而言，就要慎重考虑了。

第三章　P2P 投资政策解读

一、　《关于促进互联网金融健康发展的指导意见》

2015 年 7 月 18 日，中国人民银行等十部委发布《关于促进互联网金融健康发展的指导意见》（以下简称《指导意见》），为互联网金融不同领域的业务指明了发展方向。

《指导意见》明确了互联网金融的定义，主体是金融机构和互联网企业，功能是提供资金融通、支付、投资和信息中介服务。《指导意见》的主要内容包括分类监管、鼓励创新和健全制度。"分类监管"原则和目前大的监管框架一脉相承，比较容易实现，在《指导意见》中也有清晰的权责划分；《指导意见》同时积极鼓励互联网金融平台、产品和服务创新，鼓励从业机构相互合作；客户资金第三方存管制度、信息披露制度等则是规范互联网金融市场秩序、健全制度的重要抓手。

同时，《指导意见》明确了 P2P 网络借贷的界限，描述如下：（八）网络借贷。网络借贷包括个体网络借贷（即 P2P 网络借贷）和网络小额贷款。个体网络借贷是指个体和个体之间通过互联网平台实现的直接借贷。在个体网络借贷平台上发生的直接借贷行为属于民间借贷范畴，受《合同法》《民法通则》等法律法规以及最高人民法院相关司法解释规范。个体网络借贷要坚持平台功能，为投资方和融资方提供信息交互、撮合、资信评估等中介服务。个体网络借贷机构要明确信息中介性质，主要为借贷双方的直接借贷提供信息服务，不得提供增信服务，不得非法集资。网络小额贷款是指互联网企业通过其控制的小额贷款公司，利用互联网向客户提供的小额贷款。网络小额贷款应遵守现有小额贷款公司监管规定，发挥网络贷款优势，努力降低客户融资成本。网络借贷业务由银监会负责监管。

二、《网络借贷信息中介机构业务活动管理暂行办法》

2016 年 8 月 24 日，中国银监会公布了《网络借贷信息中介机构业务活动管理暂行办法》（以下简称《办法》）。《办法》有助于打破 P2P 网络借贷行业刚起步时存在的"劣币驱逐良币"态势，对正规经营的 P2P 网络借贷平台而言是极大的利好。该《办法》为 P2P 网络借贷立规矩，有助于促进 P2P 网络借贷行业健康发展。

（一）《办法》对 P2P 网络借贷行业的分析

1. 网贷的特点及发展网贷的意义。网贷利用互联网信息技术，不受时空限制，使资金提供方与资金需求方在平台上直接对接，进行投融资活动，拓宽了金融服务的目标群体和范围，有助于为社会大多数阶层和群体提供可得、便利的普惠金融服务，进一步实现小额投融资活动低成本、高效率、大众化，对于"稳增长、调结构、促发展、惠民生"具有重要意义。此外网贷机构与传统金融机构相互补充、相互促进，在完善金融体系，提高金融效率，弥补小微企业融资缺口，缓解小微企业融资难以及满足民间投资需求等方面发挥了积极作用。

2. 当前我国网贷行业基本情况及存在的主要问题。网贷作为互联网金融业态的重要组成部分，近几年的发展呈现出"快、偏、乱"的现象，即行业规模增长势头过快，业务创新偏离轨道、风险乱象时有发生：一是规模增长势头过快。据网贷之家统计，截至 2018 年 11 月底全国累计网贷机构共 6429 家，待还金额为 8111.94 亿元，活跃投资人数、活跃借款人数分别为 242.16 万人、

274.68 万人。二是业务创新偏离轨道。目前大部分网贷机构偏离信息中介定位以及服务小微和依托互联网经营的本质，异化为信用中介，存在自融、违规放贷、设立资金池、期限拆分、大量线下营销等行为。三是风险乱象时有发生。网贷行业中问题机构不断累积，风险事件时有发生，截至 2018 年 11 月底全国正常运营平台 1187 家，累计问题平台 2578 家。这些问题机构部分受资本实力及自身经营管理能力限制，当借贷大量违约、经营难以为继时，出现"卷款""跑路"等情况；部分机构销售不同形式的投资产品，规避相关金融产品的认购门槛及投资者适当性要求，在逃避监管的同时，加剧风险传播；部分机构甚至通过假标、资金池和高收益等手段，进行自融、庞氏骗局，碰触非法集资底线。

（二）《办法》对相关概念、制度的解释

1. 《办法》中网络借贷、网络借贷业务、网络借贷信息中介机构的界定。《办法》落实了《指导意见》的有关要求，规定网络借贷是指个体和个体之间通过互联网平台实现的直接借贷，即大众所熟知的 P2P 个体网贷属于民间借贷范畴，受《合同法》《民法通则》等法律法规以及最高人民法院有关司法解释规范。网贷业务是以互联网为主要渠道，为借款人和出借人实现直接借贷提供信息搜集、信息公布、资信评估、信息交互、借贷撮合等服务。网贷信息中介机构是指依法设立，专门经营网贷业务的金融信息服务中介机构，其本质是信息中介而非信用中介，因此不得吸收公众存款、归集资金设立资金池、不得自身为出借人提供任何形式的担保等。许多网贷机构背离了信息中介的定性，承诺担保增信、错配资金池等，已由信息中介异化为信用中介，为此，《办法》将重点对此类行为进行规范，以净化市场环境，保护金融消费者权益，使网贷机构回归到信息中介的本质。

2. 《办法》确定的网贷行业监管的总体原则。按照《指导意见》明确的"鼓励创新、防范风险、趋利避害、健康发展"的总体要求和"依法、适度、分类、协同、创新"的监管原则，《办法》确定了网贷行业监管总体原则：

一是强调机构本质属性，加强事中事后行为监管。网贷机构本质上是信息中介机构，不是信用中介机构，但其开展的网贷业务是金融信息中介业务，涉及资金融通及相关风险管理。对网贷业务的监管，重点在于业务基本规则的制定完善，而非机构和业务的准入审批，应着力加强事中事后行为监管，以保护相关当事人合法权益。

二是坚持底线监管思维，实行负面清单管理。通过负面清单界定网贷业务的边界，明确网贷机构不能从事的十三项禁止性行为，对符合法律法规的网贷业务和创新活动，给予支持和保护；对以网贷名义进行非法集资等非法金融活动，坚决予以打击和取缔；加强信息披露，完善风险监测，守住不发生区域性系统性风险的底线。

三是创新行业监管方式，实行分工协同监管。网贷作为新兴的互联网金融业态，具有跨区域、跨领域的特征，传统的监管模式无法适应网贷行业的监管需求，因此，要充分发挥网贷业务国家相关管理部门、地方人民政府的作用，发挥各方优势，在明确分工的前提下，加强沟通、协作，形成有效的监管合力。

3. 《办法》确立的网贷行业的基本管理体制及各方职责。《指导意见》将网贷机构定性为信息中介，且将网贷归属于民间借贷范畴。根据关于界定中央和地方金融监管职责分工的有关规定，明确对于非存款类金融活动的监管，由中央金融监管部门制定统一的业务规则和监管规则，督促和指导地方人民政府金融监管工作，由省级人民政府对机构实施监管，承担相应的风险处置责任，并加强对民间借贷的引导和规范，防范和化解地方金融风险。鉴于网贷行业跨地区经营且风险外溢性较大，按照行为监管与机构监管并行的监管思路，《办法》本着"双负责"的原则，明确银保监会及其派出机构作为中央金融监管部门负责对网贷机构实施行为监管，具体包括制定统一的规范发展政策措施和监督管理制度，并负责网贷机构日常经营行为的监管；明确地方金融监管部门负责对本辖区网贷机构实施机构监管，具体包括对本辖区网贷机构进行规范引导、备案管理和风险防范及处置工作。另外，网贷行业作为新兴业态，其业务管理涉及多个部门职责，应坚持协同监管，《办法》明确工业和信息化部主要职责是对网贷机构具体业务中涉及的电信业务进行监管；公安部主要职责是牵头对网贷机构业务活动进行互联网安全监管，打击网络借贷涉及的金融犯罪；国家互联网信息办公室主要职责是负责对金融信息服务、互联网信息内容等业务进行监管。

（三）《办法》对于网贷业务的主要管理措施

1. 《办法》对于网贷业务的主要管理措施。一是对业务经营活动实行负面清单管理。考虑到网贷机构处于探索创新阶段，业务模式尚待观察，因此，《办法》对其业务经营范围采用以负面清单为主的管理模式，明确了包括不得吸收公众存款、不得设立资金池、不得提供担保或承诺保本保息、不得发售金融理财产品、不得开展类资产证券化等形式的债权转让等十三项禁止性行为。在政策安排上，允许网贷机构引入第三方机构进行担保或者与保险公司开展相关业务合作。

二是对客户资金实行第三方存管。为防范网贷机构设立资金池和欺诈、侵占、挪用客户资金，增强市场信心，《办法》规定对客户资金和网贷机构自身资金实行分账管理，由银行业金融机构对客户资金实行第三方存管，对客户资金进行管理和监督，资金存管机构与网贷机构应明确约定各方责任边界，便于做好风险识别和风险控制，实现尽职免责。

三是限制借款集中度风险。为更好地保护出借人权益和降低网贷机构道德风险，并与非法吸收公众存款有关司法解释及立案标准相衔接，《办法》规定网贷具体金额应当以小额为主。

图 3-1　P2P 网络借贷监管红线

2.《办法》对于出借人和借款人的具体行为规定。《办法》对消费者权益保护进行了重点考量，注重对出借人和借款人，尤其是对出借人的保护，对借贷决策、风险揭示及评估、出借人和借款人信息、资金保护以及纠纷解决等问题进行了详细规定，确保出借人和借款人的合法权益不受损害。《办法》也对出借人和借款人的行为进行了规范，明确规定参与网贷的出借人与借款人应当实名注册；借款人应当提供准确信息，确保融资项目真实、合法，按照约定使用资金，严格禁止借款人欺诈、重复融资等。《办法》还要求出借人应当具备非保本类金融产品投资的经历并熟悉互联网，应当提供真实、准确、完整的身份信息，出借资金来源合法，拥有风险认知和承受能力以及自行承担借贷产生的本息损失。这些规定，本质上属于合格投资者条款，其目的是为了在行业发展初期，更好地防范非理性投资，引导投资者风险自担，进一步保护出借人合法权益。

3. 客户资金实行银行业金融机构第三方存管制度对行业规范发展的作用。按照《指导意见》有关规定，网贷机构应当选择符合条件的银行业金融机构作为第三方资金存管机构，对客户资金进行管理和监督，实现客户资金和网贷机构自身资金分账管理。实行客户资金第三方存管制度，将有效防范网贷机构设立资金池和欺诈、侵占、挪用客户资金风险，有利于资金的安全与隔离，对于规范行业健康发展具有重要意义。银行业金融机构应当按照合同约定，履行交易资金划付、资金核算和监督等职责，将网贷机构的资金与客户的资金分账管理、分开存放，确保资金流向符合出借人的真实意愿，有效防范风险。

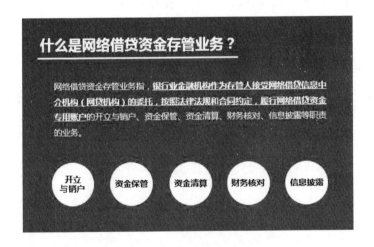

图 3 - 2　网络借贷资金存管业务

4. 信息披露制度对整个行业的意义。加强对网贷机构的信息披露要求、完善相关信息披露制度，对于改进行业形象、提升网贷机构公信力、完善行业事中事后监管、防范行业风险、保护出借人与借款人利益具有十分重要的意义。根据行业及部分监管部门反映，在《办法》中对信息披露进行较为详细的规定缺乏可操作性，且部分指标的设置还有待于行业实践，因此目前《办法》只对信息披露进行原则性规定。

【案例】

P2P 网络借贷平台这些事情还能不能做？

1. 借款金额是否有上限？

《办法》提出借贷金额以小额分散为基本原则，并将借贷金额限定在 20 万元（个人）或 100 万元（法人或其他机构）。

2. 很多 P2P 平台都有自动投标功能，是违法的吗？

《办法》出台后改为未经投资者授权，网贷机构不得代投资者作投资决策，这意味着经投资者授权的自动投标事实上是允许的。

3. 很多 P2P 平台自己为标的担保，是违法的吗？

《办法》禁止平台自身担保，这也是再次确定网贷平台的信息中介性质。也就是说平台引入第三方担保、保险公司，在许可之列。

4. P2P 平台有"风险备用金"是不是更安全？

《办法》没有规定网贷"风险备用金"机制，其原因是平台定位为信息中介，对此不作规定。

第二篇
P2P投资风险认识篇

第四章　P2P 理财的风险源

一、 P2P 跑路平台案例分析

（一）"e 租宝"

"e 租宝"是"钰诚系"下属的金易融（北京）网络科技有限公司运营的网络平台。2014 年 2 月，钰诚集团收购了这家公司，并对其运营的网络平台进行改造。2014 年 7 月，钰诚集团将改造后的平台命名为"e 租宝"，打着"网络金融"的旗号上线运营。

公安机关发现，至 2015 年 12 月 5 日，"钰诚系"可支配流动资金持续紧张，资金链随时面临断裂危险；同时，钰诚集团已开始转移资金、销毁证据，数名高管有潜逃迹象。为了避免投资人蒙受更大损失，2015 年 12 月 8 日，公安部指挥各地公安机关统一行动，对丁宁等"钰诚系"主要高管实施抓捕。

办案民警表示，从 2014 年 7 月 "e 租宝"上线至 2015 年 12 月被查封，"钰诚系"相关犯罪嫌疑人以高额利息为诱饵，虚构融资租赁项目，非法吸收公众资金，累计交易发生额达 700 多亿元。警方初步查明，"e 租宝"实际吸收资金

500 余亿元，涉及投资人约 90 万名。

2017 年 9 月 12 日，北京市第一中级人民法院依法公开宣判被告单位安徽钰诚控股集团、钰诚国际控股集团有限公司以及被告人丁宁、丁甸、张敏等 26 人集资诈骗、非法吸收公众存款案，对钰诚国际控股集团有限公司以集资诈骗罪、走私贵重金属罪判处罚金人民币 18.03 亿元；对安徽钰诚控股集团以集资诈骗罪判处罚金人民币 1 亿元；对丁宁以集资诈骗罪、走私贵重金属罪、非法持有枪支罪、偷越国境罪判处无期徒刑，剥夺政治权利终身，并处没收个人财产人民币 50 万元，罚金人民币 1 亿元；对丁甸以集资诈骗罪判处无期徒刑，剥夺政治权利终身，并处罚金人民币 7000 万元。同时，分别以集资诈骗罪、非法吸收公众存款罪、走私贵重金属罪、偷越国境罪，对张敏等 24 人判处有期徒刑 15 年至 3 年不等刑罚，并处剥夺政治权利及罚金。

（二）东方创投

东方创投，是 2013 年 6 月成立于深圳的一家 P2P 网贷平台。短短 4 个月后（2013 年 10 月）该平台即宣布停止提现。同年 11 月，东方创投负责人邓亮和李泽明相继自首。2014 年 7 月 15 日，在历时 9 个多月的调查取证后，东方创投案终于有了初步的判决结果。深圳市罗湖区人民法院对该案进行了一审判决。被告人邓亮因非法吸收公众存款罪，判处有期徒刑 3 年，并处罚金人民币 30 万元；被告人李泽明因非法吸收公众存款罪，判处有期徒刑 2 年，缓刑 3 年，并处罚金人民币 5 万元。

东方创投案是我国首例 P2P 网贷平台自融被判"非法吸存"的案件。此次判决也是司法体系对 P2P 网贷平台自融案件的首次裁量。东方创投案是典型的自融平台庞氏骗局，截至 2013 年 10 月 15 日平台彻底提现困难时，平台累计成交量 20964 万元，且算上现金奖励后，出借人获得的综合收益率高达 38% 以上。东方创投之所以"东窗事发"，主要原因有以下几点：首先是平台发布虚假信息，自融资金用于自有地产物业的投资，但物业投资变现周期相对较长，而平台多发布 1~3 个月的短期标，所以平台存在拆标情况，在真实物业投资获益前，平台均处于一种借新还旧的状态中；其次，平台早期出借人均为激进的"打新族"，在平台上线 1 个多月后，平台的待还本金达到一个高点，之后持续下降，资金持续流出，对于平台的流动性管理能力考验巨大；再次，2013 年

9 月底，东方创投自融购置物业的情况受到持续质疑，导致出借人恐慌纷纷要求提现，而新发布的借款标无人问津，后续资金无法跟进，最终导致资金链断裂，老板跑路。

（三）杭州国临创投、深圳中贷信创、上海锋逸信投

2016 年 1 月 20 日，多位投资人爆料杭州国临创投、深圳中贷信创、上海锋逸信投三家 P2P 网上借贷平台于近日同时倒闭。神奇的是，这三家平台的实际控制人都是同一人，名叫郑旭东。粗略统计，上述三家平台被卷跑的资金数额至少在 1 亿元以上。

二、 P2P 网络借贷常见术语概念

（一）角色类

投资者：在 P2P 平台上把钱借出去以谋求利率回报的用户，年龄必须是 18 周岁以上具有中国国籍的公民。

借款者（贷款者）：借款者是指有资金需求，在平台上借款的个人或者企业，如果是个人年龄必须是 18 周岁以上具有中国国籍的公民。

黄牛：黄牛既是投资人，也是借款人，从事转贷牟利。他们在网贷平台上以个人投资净值作担保，循环发布净值标借款，通过低息借入高息借出套利。黄牛的门槛并不高，但需要有一定的本金和用于周转短期净值借款的资金，职业黄牛门槛至少在 10 万元以上。

羊毛党：搜集各大 P2P 平台的优惠活动信息，然后有选择地参与活动，从而以相对较低成本甚至零成本换取物质上的实惠。这一行为被称为"薅羊毛"，而关注与热衷于"薅羊毛"的群体就被称作"羊毛党"。

秒客：网络上聚集了一批专门投资秒标的投资人，这些人也被称之为"秒客"。

网贷打新族：网贷打新族又称"网投游击队""网投敢死队"，是指投资人群体中一群追求高收益、能够承担高风险的投资人。新平台上线之初，往往会开展一系列高奖励的活动吸引人气，此时投资通常能获取相对更高的收益，网贷打新族就属于敢于吃新平台螃蟹的第一批人，他们追求高收益，往往活动期一结束就撤资，因此其年化收益也较高。但是他们也承受着高风险，新平台运

营之初还存在不少问题，其中也不乏跑路贷，他们属于投资人群体中的激进派。

（二）投标类

投标：在 P2P 网络借贷整个环节当中，借款人要把自己需要借款的信息发布在平台上，这个需求也就是一个借款项目，投资者在这个借款项目进行投资就叫做投标。

流标：流标指借款项目投标时间已过期，或者借款项目复审审核失败，即投标失败，并返还投资金额给投资者。

满标：借款标招标进度达到 100%。

自动投标：自动投标是指平台为了方便那些没有时间逐个查看筛选借款列表并进行投标的借出者开发的一项功能，借出者可根据自己的风险偏好、投资习惯在自动投标中设置各种条件，若有符合相应条件的借款出现，将由程序自动完成投标。

放款：放款指一个借款列表满标后且已符合放款标准，将所筹资金打入借款人账户中，即成功贷款。

（三）其他

资金池：资金池是指资金汇集到一起，形成一个像蓄水池一样的储存资金的空间。P2P 行业的资金池模式是指客户不管通过什么渠道支付资金，现金都需要先流入网贷平台公司的账户，此类模式下，平台涉嫌非法吸收公众存款。

资金站岗：资金站岗也称为"当哨兵"，是指投资人投资某平台某借款标迟迟不能满标，或者充值后一直没有标的可投，或者项目很少抢不到标，让资金闲置的情况。

第三方资金托管：第三方资金托管是指资金流运行在与平台合作的第三方托管公司，由这些公司直接管理投资资金的去向和用途，而不经过平台的银行账户，从而避免了平台恶意挪用交易资金给投资人带来的风险。

第三方担保：其实关于第三方担保并不难理解，自唐朝以来民间借贷就采取了保人的制度，在交易过程中，如果借款人出现逾期不还现象，那么第三方担保机构将会进行相关的垫付，这种形式被国内 P2P 理财平台普遍采用，是给投资者的资金一种保障措施。

风险备用金：风险备用金是指在平台每笔借款成交时，平台会从借款人那里提取一定比例的金额放入"风险备用金账户",当出现借款项目逾期时,平台会用"风险备用金"向投资人垫付此笔借款的剩余出借本金或本息。

自融:所谓自融就是有实体企业的人来线上开一个网贷平台,从网上融到资金,用于自己企业或者关联企业使用,实际上就是将投资人的资金拿来自己用了,这样的平台,从法律上踩了非法集资的红线,要无条件远离。

拆标:拆标是指平台将原本周期较长、规模较大的标的,拆分成时间较短、金额较小的标,一般分为金额拆标和期限拆标。

刚性兑付:P2P 网贷中,刚性兑付是指当借款项目到期后,平台必须支付给投资者本金和利息,如果出现借款人不能如期还款或还款困难时,平台要兜底处理。

三、 P2P 网络借贷风险源

1. 用户的钱进来了七成平台却不能好好花。投资人资金流入平台后,平台需要引进相应的项目跟它匹配,这样投资人才能享受利息收入,融资人顺利融到资金,平台也能收取一定费用,这样平台才能正常运营。而现在,平台却很难找到这样好的项目,也就是说融资人的质量较差,还款能力有问题。

融 360 调研结果显示,超过七成的受调研平台表示项目来源相对缺乏,投资人的资金处于闲置状态。那么问题来了,投资人的资金进来后,不能就这样放着吧?那投资人肯定就拍拍屁股走人了,平台花那么多钱让用户进来注册投资,就白花了。但是随随便便找些融资人,连能否还得上钱都没有保障,平台也不愿这么冒险。于是,很多 P2P 平台都推出了活期理财产品。

2. 用张三的钱还给李四,P2P 理财平台随时可能崩盘。P2P 理财平台在缺少好项目的情况下,为了不让用户流失,平台就先把用户资金归集起来,甚至有平台短期内用新进入用户的钱来还老用户的本金和利息,也就是行业常说的"借新还旧""拆东墙补西墙",这也对平台自身提出了非常高的要求,一旦平台遭遇用户大量提现,平台很可能拿不出那么多钱出来而崩盘。

【案例】

95% 的 P2P 理财不符合监管要求钱随时被挪走

2015 年正常运营的网贷平台有 1900 多家，但有资金托管的平台预计不足 5%，也就是说在 2015 年 10 月 95% 的平台是不符合监管要求的。最可怕的是，不少平台的账户是老板自己的，投资人在平台充值后，资金直接进入了老板的私人腰包里。

四、 P2P 网络借贷风险分类

P2P 本身并不是坏东西，但是其风险相对银行理财会大，主要表现在以下几方面：资金流向、风控的管理水平以及逾期的控制能力、坏账率、道德风险（跑路、发假标、自融等）。投资人需要根据平台的情况和自身承担风险的能力去选择。风险是结果的不确定性。P2P 网络平台在经营过程会遇到各种各样的风险，主要体现为以下五种形式。

（一）市场风险

市场风险是指受宏观经济周期和金融市场环境影响所带来的风险。在经济下行压力下，平台项目逾期概率增大，预期坏账率会快速攀升，一旦出现项目违约事件，一些实力不强、风控能力弱的平台即会出现偿付危机，平台倒闭的风险加大。

（二）信用风险

P2P 网贷是在民间借贷的基础上发展起来的，其解决了部分中小企业周转不灵及个人缺乏资金的难题。目前，我国的 P2P 行业发展正处于起步阶段，一些P2P 平台和贷款人为了追求高收益而放松了对借款人信用风险的管控，导致信用风险一旦出现，呆账、坏账发生，资金无法收回，而为借贷资金提供"本金保障"或"本息保障"的 P2P 平台也因此遭受重大损失。P2P 平台运营中主要存在两种信用风险，一是信息不对称，二是征信系统不健全。

（三）流动性风险

P2P 中的流动性风险主要来源于三个方面：一是承诺本息保障，二是"拆标"，三是监管。

首先，随着 P2P 平台的不断发展，竞争也是愈演愈烈，为了能够吸引客户，大多数平台都相应推出了本金保障甚至本息保障计划。P2P 平台通常利用借贷资金来组成大部分运营资金，自有资本比率很低。随着资金规模的不断扩大，资金使用不受监管，P2P 平台可能挪用客户资金投资高风险、高收益项目。这就意味着，一旦借款人出现信用违约的状况，那么平台就必须先用其自有的资金为违约者垫付本金或者本息。而且许多 P2P 网贷企业都存在超额担保，其担保额甚至是其注册资本的许多倍。如果出现大面积的坏账，而此时放贷者又前来提现，平台就会出现因其自有资金远不足以承担全部风险，从而导致平台的流动性困难，这样，P2P 便成为"跑路"的高危地带。2013 年 6 月，P2P 网络借贷平台"非诚勿贷"就因为贷款业务和财务记账非常混乱被曝光，报道指出为维持流动性，不断用高收益来吸引新的投资者，在还款高峰期，平台需要提出银行账户内几乎全部资金，以应付上一批投资者的提现需要。在被曝光后，引发了严重的挤兑。

其次，P2P 网贷的"拆标"方式主要由两部分组成，也即拆期限和拆金额，化长期为短期，把大额拆成小额，进而合理地筹措不同期限和金额。因为从利益的不同角度看，出借人是希望在短期内获得高额的回报收益，作为借款人则想拥有长时间且利息低的资金支持。这样，拆标这一方式便应运而生，既能吸引客户又能壮大发展自身，一举两得。可以把"拆标"比作一个资金池，这个资金池可以进行时间和资金在期限和金额上的不同搭配，同时还需要不断地用"借新还旧"的方式补充资金流动，因此要求较高的资金流，对于公司本身来说风险水平又是相对较高的。而通常担保公司的担保只是在贷款出现逾期的情况下才能发挥作用，所在这期间一旦出现大面积的提现状况，平台就需要用其自筹资金来垫付。

最后，从制度方面来看，P2P 没有明确的类似于银行的存款准备金制度以及存款保险制度。目前很多 P2P 平台提供保本承诺，但事实上，它们大部分是没有相应的空闲资本金来兑现承诺的。而且 P2P 平台采用的这种本金保障的逐利模式在很大程度上将出资人面临的信用风险转嫁给其自身，从而对自身形成了流动性风险。尽管很多 P2P 平台都会采用风险准备金模式，但是其风险保障范围小，以及受到各种额度、准备金提取比率、杠杆率的限制，往往最终难以形成有效保障。就目前国内情形来看，采用风险准备金这一措施的 P2P 平台，多数其保障金的比率也只有 4% 左右。很多平台为了弥补不足，还将部分自有资金投入其中，共同组成风险准备金，但面对突如其来的风险危机，依然杯水车薪。同时，由于体制机制和监管的缺陷，平台自有资金和所谓的风险准备金很多情况下混为一谈，不分你我，因此这些准备金就可能被擅自挪用甚至抽逃。

（四）操作和技术风险

P2P 平台是在互联网上成立的公司，网络攻击一直是困扰行业的难题。如果 P2P 平台遭遇病毒或者黑客攻击，那么很有可能整个公司陷入系统瘫痪，投资者的资金可能在这段时间内被转移走，不光是投资者乃至 P2P 平台都可能遭受巨额损失。现在 P2P 平台缺乏专业的网络技术人员应对病毒和黑客问题，P2P 系统的安全性存在极大隐患。自 P2P 平台上线以来，P2P 行业就一直遭受黑客的攻击，但由于黑客比较隐秘，很难追偿问责，很多平台因此而出现提现困难等。2014 年伊始，人人贷、拍拍贷、好贷网等 P2P 平台就先后遭遇 DDOS 拒绝服务攻击。因此，平台必须重视互联网技术风险，否则将不利于行业的发展。

（五）法律合规风险

出于生存和逐利的本能，很多网贷平台一直游走于法律合规边缘，出现了形形色色的自融、设资金池、平台承诺保本保息、传销、高利贷、非法集资及洗钱等行为。其中不少平台实质上并不是真正的网贷平台，而是打着网贷旗号从事非法理财的平台。

1. 利用 P2P 网络借贷平台非法集资。作为传统金融的补充手段，P2P 网贷平台在一定程度上缓解了中小企业和个人的融资难题。但 P2P 平台在运行过程中，很容易涉嫌非法集资，触及刑事犯罪，如东方创投负责人被判刑，此案也是 P2P 平台非法集资第一案。根据 2010 年最高院发布的司法解释，非法集资的特征是：非法性、公开宣传、回报承诺、面向公众，部分 P2P 网贷平台提供本息保障，面向社会发布借款信息，吸收的资金用于再投资，具有天然的非法集资属性。

2. 利用 P2P 网贷平台洗钱。P2P 平台洗钱犯罪是我国严厉打击的刑事犯罪，部分不法分子为了逃避国家法律制裁，将非法取得的钱合法化，渐渐将目光投向 P2P 行业。由于 P2P 行业刚起步，P2P 平台的运行管理机制不够完善，很多情况下平台为了加快资金运转速度，并不会对贷款人的资金来源作出详细审查。这种情况下，P2P 平台很可能成为不法分子洗钱工具。而大多数 P2P 平台内部并未建立反洗钱监管模式，缺乏应对洗钱问题的经验，不履行可疑交易报告，使得打击洗钱犯罪的执法困难重重。虽然 P2P 网贷涉及的交易数额都比较小，但是并不限制贷款人出借资金的次数，而且不法分子可能为了掩藏大额非法资金的来源，将其分拆成多份，然后多次借给不同的借款人，使得平台和监管机构无从追查。贷款人利用 P2P 网络借贷平台的反洗钱管理漏洞分散提供借贷资金来进行洗钱就会变得十分隐蔽，严重影响我国正常的金融秩序和司法秩序。P2P 平台投资门槛低，由于平台并不会对资金的来源进行调查，而且目前我国的 P2P 行业立法几近空白，所以极易成为违法分子洗钱的天堂。

五、 P2P 网络借贷平台风险管理

风险管理能力是一个 P2P 网络借贷平台稳健发展和可持续经营的基石。风险控制得好，那么平台和投资人都会受益；控制得不好则平台会关门，投资人也可能面临血本无归甚至家破人亡的悲惨境地。因此，识别和管理经营过程中面临的各种风险是 P2P 平台经营者第一要务。

风险管理是一个过程，是由一个主体的董事会、管理层和其他人员实施，应用于平台经营战略制定并贯穿于平台运营过程之中，旨在识别并管理可能会影响平台稳健运营的潜在事项，以使其在该平台的风险偏好之内，并为平台目标的实现和平台投资人投资安全提供合理保证的过程。

P2P 网络借贷平台要想实现稳健经营，建立完善的全面风险管理体系并有效实施，必须具备以下要素：

1. 有效风险管理组织架构。有效风险管理组织架构，从公司治理层面确保风险管理的有效执行。风控部门的独立管理是推进有效风险管理的最根本保障。在我们的全面风险管理体系内，风险控制委员会是平台的最高风险管理机构，负责平台风险控制策略的制定和执行，直接对董事会负责，委员会下设风险管理部和合规部。投资人在识别一个平台的风控能力的时候，首先要看这个平台的股权关系、组织架构，没有完善的组织架构和独立的风控部门，一个老板说了算的平台基本可以不用考虑。不管是大数据、评分卡模型还是高大上的审核团队都只能在技术层面控制信用风险。一个平台不能从公司治理层面进行风险控制,不能让风控部门独立运作,不能有效约束平台老板的权力都不是执行全面风险管理的好平台。

2. 完善的公司政策、制度和流程。完善的政策、制度和流程,确保每次操作都有章可循。只有完善的制度和标准化的操作流程,才能确保平台的可持续经营。从贷前调查、授信执行到贷后管理,一个管理规范的平台必然要有一套科学合理的信贷业务流程和健全的制度,确保平台的每一步操作都有规章可循,每一步的执行都有记录可查。当业务开展过程中有逾期或者坏账发生的时候,合规部门可以追查每个流程中的执行人员是否按公司规章制度执行,是否有违规行为发生,平台制定的流程是否有漏洞。投资人在考察平台风控的能力的时候,一定要设法查看其流程设计和管理制度。

3. 科学的风控技术。科学有效的识别、计量、监测、对冲和控制风险的技术是解决信用风险的有效手段。引入担保转移风险、借款小额分散、大数据风控模型都是信用风险控制的技术手段。P2P 从借款业务层面上讲,更多应该是专注于 3 万 ~100 万元(3 万元以下可以由信用卡承担,100 万元以上金融机构可以满足)之间的小微企业经营性借款,这是银行、小贷和担保公司目前很难覆盖的领域。

在每个开展业务的城市设立独立的风控小组,坚持对每笔业务实地调查、交叉检验。同时,风控专员利用自身的专业知识和调查过程中掌握的信息为借款人编制资产负债表、现金流量表和损益表。重点关注借款人的还款能力,从而破除抵押物崇拜的粗放借贷模式。强调贷前审核能力而不是贷后催收能力的平台才是可持续发展的平台。

4. 先进的管理信息系统。控制运营过程中的操作风险除了要有制度保障外,先进的信息管理系统也是重要的手段。在贷前尽职调查、贷款审批和贷后管理阶段,借助先进系统可以避免人员操作的低效和失误。

5. 全面的内部控制。制度的执行需要独立有效的监督,杜绝流程上的漏洞和平台员工在开展业务的过程中不按公司规章办事或者徇私舞弊,就需要建立内部控制制度。

第五章　　P2P 投资理财风险提示

一、　第一大雷区：　与监管政策相悖的平台

P2P 行业处于野蛮生长状态之时，央行已为其划定四条监管红线——平台本身不得提供担保，不得归集资金搞资金池，不得非法吸收公众存款，更不能实施集资诈骗。凡是与上述红线相左的平台，都是处于重大雷区。比如，平台本身为投资提供本息担保的模式已经被监管层明令禁止。即使是第三方的担保或者是其他组合形式的担保，其实都蕴含着相当的风险。据数据显示，大部分中小平台的第三方担保公司，均是"××信用担保公司""××投资管理公司"等非融资性的担保公司。这种非融资性的担保公司其担保能力堪忧。比如，某中型 P2P 平台上运营着近 7000 万元的贷款项目，均由一家投资管理公司提供担保。但该担保公司注册资本金仅 1000 万元。而根据其社保信息，该公司正式员工只有 4 人。这种担保公司有近乎没有。P2P 投资的路上充满了美丽陷阱，"年化利率均在 18%~24%，提供本息保障"，这是跑路的深圳平台旺旺贷给投资者的诱饵。涉嫌非法集资的钱海创投在其平台上许诺"高回报率，100% 本金保

障，百分之百赔付"。为了让投资者放心，P2P 平台本息保障成为了揽客的杀手锏、麻醉剂。

二、 第二大雷区： 单笔借款金额巨大的平台

 【案例】

前三名借款人的待还金额均在 3000 万元以上

锦融运通是由浙江汇力投资管理有限公司（以下简称公司）运营的一个第三方民间投融资电子商务平台。2014 年 8 月 12 日，该平台被爆出现 500 万元重大逾期，导致上百名投资者无法提现。两日后网上负面新闻开始不断发酵，提现人数远远高于继续投标人数；8 月 16 日，某大户发表的文章《关于锦融运通与蒋定格》中，用大量的资产数据说明蒋定格人品，平台情况得到一定缓解；8 月 17 日，有网友发现该平台抵押物没有办理他项，存在巨大风险问题，而网站客服未能就此问题给出合理解释；8 月 20 日，平台出现提现困难；8 月 21 日出现提现大面积逾期；8 月 24 日蒋定格失联；8 月 25 日投资人报案，同日杭州市公安局下城区分局已经受理锦融运通涉嫌"非法吸收公众存款"一案，并且已经立案。

通过对锦融运通的经营数据进行分析，可以关注到该平台运营的两个主要风险点：高息短期标和较高的借款集中程度。

截至 2014 年 8 月 21 日，锦融运通平台的待还金额为 2.12 亿元，在借款人待还金额榜上，前 9 名借款人的待还金额总数已接近待还金额的总额，其中前三名借款人的待还金额均在 3000 万元以上，说明该平台借款人数不多，人均借款金额较高。在这种情况下，如果平台资金实力不足，遭遇短期兑付或者单个借款人逾期的时候，容易发生提现困难。而提现困难再加上危机处理能力不高，出现投资者恐慌心理，则对平台的正常运营造成极大的影响。对于锦融运通而言，500 万元的逾期就成为了压倒平台的最后一根稻草。

资料来源：于玲燕．P2P 网络借贷风险管理案例分析——以杭州某网络借贷公司为例 [J]．中小企业管理与科技（下旬刊），2014（11）．

鸡蛋不要放在同一个篮子中，分散风险可谓投资的一大金律。如果P2P平台单笔借款金额过大，借款人或借款机构过于集中，只要有一单大额借款发生偿债风险，对P2P平台的冲击都将十分巨大。况且，在P2P平台进行融资的大额借款项目，几乎都是无法通过银行风控的项目，坏账风险本身就很高。

2016年8月24日银监会、工信部、公安部及网信办联合发布《网络借贷信息中介机构业务活动管理暂行办法》（以下简称《办法》）。2015年12月，国务院法制办网站上发布了该管理办法的征求意见稿，经过8个月的反复讨论，网贷管理办法最终落地成型。为避免《办法》出台对行业造成较大冲击，《办法》作出了12个月过渡期的安排，在过渡期内通过采取自查自纠、清理整顿、分类处置等措施，进一步净化市场环境，促进机构规范发展。《办法》定位于把网贷限定在普惠金融领域。银监会也表示，希望网贷机构与传统金融机构相互补充、相互促进，在完善金融体系，提高金融效率，弥补小微企业融资缺口，缓解小微企业融资难以及满足民间投资需求等方面发挥积极作用。

针对单笔借款巨大所引入的风险，《办法》规定：同一自然人在同一网络借贷信息中介平台的借款余额上限不超过人民币20万元；同一法人或其他组织在同一网络借贷信息中介机构平台的借款余额上限不超过人民币100万元，同一自然人在不同网络借贷信息中介机构平台借款总余额不超过人民币100万元；同一法人或其他组织在不同网络借贷信息中介机构平台借款总余额不超过人民币500万元。

《办法》的这一规定会对一些网贷机构产生不小影响。例如，统计显示，红岭创投平台在2014—2015年期间，发布了多笔大额借款标的。2014年发布的单笔金额1000万元以上（含1000万元）的大额标的为63笔；宜人贷官网显示，借款人凭借工资流水，可申请最高50万元借款，凭借社保公积金信息，可申请最高30万元借款。

理论上网贷机构可以将融资项目进行拆分来规避网贷借款上限的限制。不过《办法》已经明确，不得将融资项目拆分。网贷机构规避借款上限的难度陡增。以大额融资标的为主的网贷平台将面临较大的业务调整压力。

三、 第三大雷区： 担保机构实力偏弱的平台

 【案例】

第三方担保公司现金流不足

第三方担保已经成为了 P2P 网络借贷平台的标配，不管实情如何，但是基本上现在的 P2P 网贷平台都会强调自己有第三方担保。2015 年 3 月，一个第三方担保公司"中鸿联合"现金流出现了严重的问题，虽然该公司之后澄清纯属谣言，但是不少投资人开始担心，P2P 担保公司跑路了怎么办？

据了解，中鸿联合融资担保有限公司于 2005 年 5 月 23 日注册，公司注册资本人民币 10 亿元，为面向全国的大型专业性融资担保公司，信用评级为 AA＋，与理财范、花果金融、壹壹金服、乐钱等多家 P2P 平台都有合作。

理财范网站信息显示，中鸿联合正在为 16 个项目担保，涉及金额 1 亿元，结清项目 2 个，涉及金额 1500 万元。花果金融网站信息显示，由中鸿联合在保项目 35 个总额 4000 万元，已结项目 6 个，涉及金额 500 万元。

担保公司出现问题，这些 P2P 平台还靠谱吗？要是担保公司跑路了怎么办？

资料来源：https：//bbs. wdzj. com/thread－357545－1－1. html。

引入第三方担保公司进行风险保障的模式，项目如期偿付，各方相安无事。一旦发生逾期风险，如果担保公司又没有实力进行垫付，最终埋单的还是投资人。届时，P2P 平台的信誉也将大打折扣。实际上，不同的担保机构在资质、信誉、担保实力方面都大相径庭。一旦 P2P 平台在选择合作担保公司时，没有仔细甄别，引入了实力不足、信誉不佳、资质不全的担保机构，就犹如在市场中裸泳。如果运气不好，再遇到一两个合作担保公司"跑路"的，那就真的踩到地雷了。

1. 担保方风险。担保公司跑路的原因主要有下面几条：手里担保金额太多，不想长久经营，卷款跑路；亏损太大，难以偿付，跑路躲债；违法经营，跑路逃避法律制裁（三条法律红线：非法集资、非法从事金融业务、高利贷）。

首先，担保公司跑路，债务关系不会消失。担保公司在合同中扮演的是担

保方，而借贷双方的债务关系不会因为担保方的跑路而消失，也就是说，就算担保公司跑了，债务关系依然存在。

其次，通过公证申请强执。每一笔投资最好都辅以公证书，投资人的权利可以得到加强。有了公证书，不必通过法院判决即可申请强制执行，多了一重保障。

最后是赔偿准备金。担保公司要把一定比例的"赔偿准备金"存在指定的银行账户，这也是最后一重保障。

投资者需要注意，担保公司并不是百分百靠谱，由于能力有限，实际并不能为 P2P 平台兜底。随着监管趋严和实体经济的下行，担保公司面临的风险越来越高，收益与风险也越来越不匹配，3% 的担保手续费收益和保证金要承接 100% 的风险，一旦面临大面积的资金链断裂，担保公司便会出现破产倒闭。

所以说，其实 P2P 担保公司跑路影响没有多大，重要的是 P2P 网贷平台不出问题，单纯的担保方出现问题对投资人的影响并不是很大。

2. 担保公司分析。第三方担保中的担保方性质，目前主流的是融资性担保公司、小额贷款公司、典当行、融资租赁公司、商业保理公司，非主流的有投资担保公司、资产管理公司、投资公司，甚至某某贸易公司。

非主流的这些第三方担保方由于没有注册资金、团队人员行业经验等限制，也没有实质信息披露，除非之前非常了解，否则可靠性根本无从考证。很多问题平台就是钻了这个空子，混淆第三方担保的概念，让初涉网贷的投资人云里雾里。

要分析主流的第三方担保机构是否靠谱就要理解这些机构与网贷平台之间的商业模式和交易结构。典当行、融资租赁公司和保理公司严格意义上都不是为平台项目担保，其交易模式其实是将其现有的、已经完成的业务以债权转让形式销售给投资人以达到回笼资金目的并继续开展新的业务。打个比方，小额贷款公司发放了 500 万元贷款给一家企业并成为这家企业的债权人，之后小贷公司以这家企业债权人身份将上述债权以相对较低的利率在网贷平台发售，收回发放的资金同时赚取差额利润。而后，为顺利销售取信于投资人，小贷公司会与投资人签订债权回购协议，以示担保之诚意。融资性担保公司是唯一以担保服务为主业的担保方，它强调担保业务与注册资金的杠杆关系，比如单笔业务不得超过注册资金的 10%，总在保业务不得超过注册资金的 10 倍。总而言之，担保行业强调的是高门槛和强化违约代偿能力，而小贷公司、典当行及融资租赁公司追求的是资金的流动性。

所以，如果仅从形式上说，相较而言，融资性担保公司相对更加安全。

再靠谱的模式也需要有靠谱的人和企业才能运转，担保行业本身也存在行业监管不到位、资金挪用等风险，针对这些风险，国家对担保行业规范和整顿已经进行了几年的尝试，取得了一定的效果，虽然仍有个别担保企业出现问题，但已不是主流。

四、 第四大雷区： 对项目风险掌控不足的平台

 【案例】

灰色业务风险巨大 "中汇在线" 提现困难

"中汇在线" 是深圳一家网络信贷理财平台。中汇在线从事票据质押、企业银行过桥、企业信用贷款，其中最主要的票据业务并非传统意义上的直贴业务，而是利用一些银行关系、进出口贸易以及内保外贷等一系列复杂的操作而获取高额收益的灰色业务。2013 年 7 月正式上线运营。2014 年 12 月 13 日，出借人发现中汇在线提现困难。12 月 16 日上午，中汇在线在其官网发布了《公司法人陈艳芳致歉信》，信内称，造成此次事件的根本原因是借款企业不能依约还款，其目前主要工作是催收企业应收借款，"企业偿还全部借款扭转局面需要约一年时间"。

据统计，截至 2014 年 12 月 12 日，中汇在线总成交量 17.5 亿元，待收本息共计 2.6 亿元；平均借款期限 2.13 个月，综合收益率 29.99%。该平台有待收的出借人共 3391 人，待收排行第一的出借人，待收金额为 874 万元。待收金额前十名的出借人，金额均超过 200 万元。此外，投资金额超过 50 万元的投资者超过 80 人。

资料来源：网贷之家，https：//www.wdzj.com/news/pingtai/18861.html。

虽说 P2P 平台属于信息中介，不承担项目风险，但如果平台风控能力太弱，

会带来两种后果——要么项目不能入投资人的法眼，导致流标现象增加；要么风险接连爆发，影响到平台信誉。

随着 P2P 网贷行业的发展，行业竞争加剧，平台的功能和产品日益丰富，一些细分领域出现的平台，比如汽车抵押贷款方面的平台优势比较明显。所谓萝卜青菜各有所爱，各个贷款项目类型都有自身的优势，也存在自身特定的风险。几类常见的 P2P 贷款项目类型以及潜在风险如下：

1. 信用贷款。信用贷款是一种无抵押无担保的贷款类型，贷款额度不固定，一般 10 万 ~ 20 万元，借款期也不固定，不过目前以短期为主。一般来讲，申请个人信用贷款需要提供以下信息：收入证明、银行内个人资信等级、个人职业信息等。

此类投资项目主要基于借款人的个人资信而定，在国内征信体系不健全的大背景下，网贷平台中借款人借款的违约成本较低，所以违约率较高，平台需要较大的业务规模才能覆盖违约损失。

2. 房屋抵押贷款。房地产抵押贷款是借款人以自有房地产作为抵押物向出借人提供担保，在平台上发标借款的融资方式。借款人也可以用已设有抵押权的房产再次设定抵押权，充分利用抵押物的价值。

现在此类投资项目受房价行情影响较大，存在房价下降、变现难等风险。目前有很多 P2P 平台存在二次房抵的现象，二次房抵是指当房屋目前评估值大于原评估值时，对房屋剩余价值进行抵押借款。虽然二次抵押有效，但不同于第一次抵押，二抵无法享受优先受偿权，因此风险较一抵稍大。

3. 车辆抵押贷款。车辆抵押贷款是指借款人通过将车辆作为抵押物来进行借款，通常用于解决短期资金周转的问题。在通常情况下，汽车抵押贷款只能借到估值的 70% 左右，时间分为 1、3、6、12 个月不等。

目前只有部分平台开展二手车抵押业务，鉴于国内新车市场仍有很大的上升空间，车辆抵押业务前景空间还是比较大。但这类贷款存在车辆损毁、骗贷、折价以及主要城市限购等风险。

4. 股权质押贷款。股权质押贷款，是指股票持有人可以在不割售所持股票的情况下，通过将公司股份质押给网贷平台提供反担保，从平台上发标借款的融资方式。多数大额企业借款多选择该方式。

这类投资项目存在股权价值波动大、非上市公司股权变现难、股权价值与公司经营风险成同变动等风险。

5. 供应链金融。供应链金融是指平台基于核心企业的信用，根据贸易的真实背景和供应链核心企业的信用水平来评估中小借款企业的信贷资格，为核心企业及企业的上下游提供融资支持的信贷业务。主要包括采购阶段预付账款融资模式、运营阶段的动产质押融资模式、销售阶段的应收账款融资模式。

这类贷款存在整个产业链的集中风险、核心企业风险、质押货物或企业资产市场价格波动的风险、应收账变成坏账无法收回的风险、核心企业通过 P2P 平台给关联企业融资的道德风险等。

6. 银行过桥。过桥资金是一种短期资金的融通，期限以 6 个月为限，是一种与长期资金相对接的资金融通。提供过桥资金的目的是通过过桥资金的融通，使借款企业达到与长期资金对接的条件，而后，可以长期资金替代过桥资金。

这类项目的主要风险在于银行是否续贷，由于过桥资金对于企业运营来说非常重要，所以一旦落空，对于企业会形成致命的打击。

7. 票据贷款。网贷行业中涉及的票据业务则主要是汇票，包括银行承兑汇票和商业汇票。平台的业务模式包括票据贴现、票据质押、委托贸易付款、内保外贷等。其中较为典型的为票据贴现。票据贴现指借款人将银行承兑汇票质押给平台，为规避法律风险，票据一般由第三方支付公司或银行托管，随后平台发布借款标的，投资人进行投标。

这类贷款存在假票、背书错误、兑付违约等风险。

8. 融资租赁贷款。融资租赁指出租人根据承租人对租赁物件的特定要求和对供货人的选择，出资向供货人购买租赁物件，并租给承租人使用，承租人则分期向出租人支付租金，在租赁期内租赁物件的所有权属于出租人所有，承租人拥有租赁物件的使用权。目前很多平台与融资租赁公司合作开展此项业务。

此类业务的风险在于承租人还款压力加大、承租人的经营风险、设备折旧变现风险。

9. 配资贷款。配资指借款人在原有资金的基础上，通过一定的杠杆，在平台上发布借款标融资的过程，主要包括股票配资、期货配资、权证配资等。

配资业务由于一直处于法律的灰色地带，存在较大的监管风险，同时也存在操盘和同时强行平仓的风险。

10. 资产证券化贷款。资产证券化指将线下非标准的企业债打包成线上标准化的小贷资产包、合作担保及小贷公司承诺溢价回购的业务。资产证券化的交易所对资产包和投资者权益进行登记和托管，更加透明。

但同时由于资产证券化下的借投双方并未实现资金直接对接，此模式已经脱离了 P2P 本质，其间有一定的灰色区域，除了借款人违约风险外，还容易引发管理及操作风险。

五、 第五大雷区： 现金流不好， 资金链持续紧张的平台

【案例】

资金链持续紧张　天力贷陷入兑付危机

工商资料显示，湖北省天力贷投资有限公司（以下简称天力贷）成立于 2013 年 3 月 14 日，经营范围为：以自有资金对制造业、房地产开发业、新能源产品开发业、新型建筑材料开发行业进行投资；企业资产管理；企业管理咨询服务。注册资金 2000 万元，刘明武作为大股东出资占比 90%，另外 10% 由其堂妹刘林出资。

其中，天力贷实缴资本共 1000 万元：刘明武和刘林分别出资 900 万元、100 万元。天力贷自 2013 年 5 月正式营业，9 月末平台开始出现兑付危机，据《时代周报》记者通过实地调查、走访多位当事人，发现天力贷平台运作存在诸多漏洞，比如同一借款人累计借款超过 2000 万元、涉嫌自融以及投资者将资金直接打至刘明武及刘林个人账户等。为了吸引投资者，其年化收益率几乎不低于 20%，而且挂出了高达 7% 的投标奖励。

2013 年 10 月 28 日公安部门披露天力贷董事长因涉嫌非法吸收公众存款罪而被捕，并立案展开调查。据投资者不完全统计，截至天力贷案发，已统计的投资人共计 370 人，涉案金额 4464 多万元。

天力贷网络借贷平台 2013 年 4 月上线，10 月即案发，仅仅存活了 6 个月，可谓短命 P2P。

资料来源：《时代周报》。

资金链是否宽裕的一大衡量指标就是未来一段时间内（3 个月到半年）平台待偿付金额与新增交易量之间的匹配程度。如果代偿付金额远远高于新增交易量，平台的资金链就亮起了红灯。这是非常危险的一个信号，需要投资人特别注意。

平台跑路前，有没有资金链断裂的迹象？投资人从哪几个方面来判断 P2P 平台是否靠谱？

首先，仔细核查平台信息，选择有实力的平台，这包括平台的注册资金、合作伙伴以及股东背景等。当然，部分 P2P 平台可能会在数据方面"夸大"其资金实力，甚至数据做假。其实这难不倒投资者，因为你可以借助企业信用信息公示系统和全国法院被执行人信息查询系统，查询到公司真正的背景、注册资金、法人信息，以及平台法人是否存在违法记录。

其次，投资者必须注意 P2P 平台业务模式的内在逻辑——比如借款人从哪里来，如何进行风控，有无资金托管，垫付能力如何等，任何在逻辑上说不通的细节，都可能暗示这个平台其实暗藏问题。要了解到这些"不能说的秘密"，投资者除了电话和网上沟通，最好能到公司实地考察，进行实地调查分析。

再次，投资者必须特别警惕 P2P 平台的密集短标，坚决不碰秒标。事实上，很多打算跑路的 P2P 平台都是抓住投资者想迅速获得高回报的心理，大量发布短期标甚至秒标，让投资者被所谓的高收益"冲昏头脑"。这时，投资者务必看清产品投资流向和收益率。比如通常 P2P 平台给出的年化收益率不会超过 20%，而太高的收益率也代表更高的风险，一般借款者很难承担如此高的利率。

绝大多数跑路的 P2P 平台，都存在自融行为，所以要判断它是否"跑路"，只要判断它是否存在自融行为即可。当然，部分 P2P 机构也会包装自己的产品，隐藏自融的真实目的。比如他们会花钱买来很多人的资料，由"他们"充作借款人发行高收益的 P2P 产品，吸引投资者投资，但这笔钱最终流向 P2P 平台经营方的口袋；甚至个别 P2P 机构还会对借款人进行"美化"，包装成各类具有稳定收入的人士发起 P2P 产品，但事实是这些借款人就是一个"托"，转手就将投资者的钱转给 P2P 平台经营方账户。

至于投资者资金的流向，要么被 P2P 平台背后的股东方用于炒股，要么被 P2P 平台关联机构进行民间高息借贷。只不过，随着股市持续调整，加之不少企业利润下滑，P2P 平台能否靠自融业务兑付投资者本息，绝对是未知数。最终这些自融 P2P 平台沦为一个不断借新还旧的资金池，一旦新增资金跟不上，就会导致资金链断裂，P2P 平台迅速跑路。

对此，投资者可以采取一个比较可行的辨别方法，就是通过工商部门与网络报道及各种渠道，查看 P2P 平台经营团队的职业背景、资金实力等。

六、　第六大雷区：　项目周期过长的平台

【案例】

上海某 P2P 平台诉沈某借款合同纠纷案

2013 年沈某通过上海某 P2P 平台以信用方式向投资人借入人民币 8.5 万元，借款期限为 24 个月，同时借款合同约定若借款人逾期，P2P 平台将以风险准备金向投资人代偿债务。后 2015 年 4 月沈某逾期，P2P 平台对投资人进行代偿，并将沈某诉至合同签订地上海市杨浦区人民法院要求其偿还应付款项。

在庭审过程中，沈某辩称平台借款人并非其本人，而是其前妻（借款时双方婚姻关系仍存续）与他人冒名顶替，以沈某名义在平台上向投资人借款，该笔资金进入其账户后立即被转入其前妻账户，沈某表示对此毫不知情，且该笔借款是其前妻用来偿还高利贷和信用卡的个人行为，并未用于任何家庭开支，因而沈某主张其对该借款不承担责任。

原告上海某 P2P 平台诉称平台网站用户名、第三方支付账户、银行卡、身份证以及个人征信报告等信息均显示沈某办理了该借款手续，第三方支付取现记录、取现银行卡等也均是沈某名义下的，且借款时沈某与其前妻婚姻关系尚存，故 P2P 平台有理由相信沈某是该笔借款的当事人，应当支付平台代偿的所有本金、利息及罚金。鉴于当前司法实践对 P2P 借款人身份认定尚未达成一致，该案悬而未决，迟迟未作宣判。

从该案例中我们看到时间较长的标的确实存在一定的还款风险，本案中借款期限为 24 个月，在借款时还是夫妻的，等到偿还时已经是离异状态了，对于投资人而言存在着难以把控的时间风险。

资料来源：投哪网，http://bbs. touna. cn/list‒21/detail‒51630. html。

1. 贷款期限。一般认为，贷款业务包含贷款对象、金额、期限、利率、还款方式、还款来源、用途、担保方式等八个要素，清晰了解这八个要素是做好P2P网贷的基础。八个要素中，期限是指借贷双方依照有关规定，在合同中约定的借款使用期限。借款期限应根据借款种类、借款性质、借款用途来确定。

贷款期限可以划分为短期和中长期。短期贷款又称流动资金贷款，主要用于满足企业的流动资金需要；中长期贷款主要包括基本建设贷款、技术改造贷款和房地产贷款。对投资人而言，虽然长期贷款的收益较好，但贷款期限越长使得风险增大，增加了出现不良贷款的可能性，令其积累了大量潜在风险。对借款人而言，若贷款期限大于实际需求期限，会导致项目资金过剩，有可能会导致盲目扩大投资、扩张生产甚至进行权益性投资，从而产生更多的风险。若贷款期限短于实际需求期限，又会导致贷款到期无法归还从而造成逾期、垫款等不良贷款的发生，给投资人造成不必要的损失，增加投资风险。

所以需要综合借款人各种因素确定合理的借款期限，借款期限要与借款金额、借款用途、借款人未来现金流等相匹配。

2. 长短标分析。挑选P2P网贷项目究竟是选长标好，还是短标好？首先，站在平台的角度来讲，自然是希望投资人都选短标，道理很简单，如果平台上的存量资金只有这么多，而继续新开发用户进行投资又非常困难的话，那么只有通过提升资金的使用效率来提高平台的业务收入，这是非常现实的选择。但这样一来就对平台的项目引入能力提出了很高的要求，你必须不断地将期限较短的项目提供给投资人，而且这种借款项目通常来讲资金需求都比较小，借款人的群体不固定，具有小、散的特点，如何将其形成集中化的引入对平台来讲难度是很大的。于是可以看到，很多平台现在开始纷纷布局线下的门店，部分大型超市内已经出现了网贷平台的零售门店。

（1）短期标适合人群。如作为新手的话，不建议投资过多的资金，因为这样做风险太大了。刚开始的投资金额，应该在个人闲置资金的10%以下，而且要选择较短的借款标。如个人目前的闲钱只是暂时的，在不久后将会用作其他的用途，这种情况下就适合投短期标。

短期项目其好处是资金比较灵活，到期后资金方便挪作他用。不过短期项目的收益率通常低于长期项目，并且为了保持资金的连续收益，经常需要用户花费较多的时间精力来选择多个项目进行连续投资。因此短期项目比较适合对资金流动性要求较高，有充足精力进行投资研究的投资者。

（2）长期标适合人群。长期标比较适合长期有闲散资金的人，这些资金长期闲置，且暂时没有其他的计划需要用钱。同时资金持有人工作繁忙，平时没有闲散的时间来管理个人的理财账户，这样一来，就适合投时间较长的理财标。

投资长期项目的收益率更高、更稳定、更省力、更省心。因此，如果投资者对资金的流动性要求不高，并且不想花费太多精力，投资长期项目长期获利，是稳健型投资者的一个不错选择。

客观来说，长期标和短期标各有千秋，投资者可以根据个人需求权衡利弊后选择适合自己的标。从利润的角度来讲，短期标利率低，长期标利率高。一般情况下，长期标所获得的利息比短期标多；在资金灵活性上，短期标要更胜一筹。短期项目一般 3 个月左右就到期可以赎回，将资金转做其他用途或者继续投资。而长期标一般这笔资金需要至少 1 年不能用于其他用途。

七、 第七大雷区： 虚拟融资项目， 实为自融资金的平台

自融多为平台吸收资金为自身或者相关联企业"输血"，将平台当作企业的资金池，但后续因为运作不善导致资金链断裂。

自融平台一般有以下几个特征：

一是透明度较差。因为自融是网贷第一大忌，极少有平台公开宣称自己为自融，但自融平台又没有真实的借款业务，所以在借款标的信息的描述上会语焉不详，公开的信息也较少。

二是源源不断地发标，待收金额无节制地攀升。自融平台注定会走上借新还旧的庞氏骗局之路，所以与真实借贷业务可能出现的淡旺季不同的是，自融平台只有通过不断地发布借款标，持续推高待收金额，才能维持资金链的稳定。

三是有实体企业关联公司。自融平台设立的目的多数是为背后的实体企业"输血"。这些企业多数是在银行和其他渠道难以获取资金，所以想借用 P2P 网贷平台获取资金。所以多数自融平台老板同时也是实体企业的老板，自身和团队缺乏金融和互联网知识。

四是有较高的收益率。因为要快速地获取大额资金用于支持背后的实体企

业，自融平台一般会给予较高的收益率，但也是无力维持如此高昂的成本和之后激进型出借人的撤离，造成了诸多高息自融平台的覆灭。

五是过于注重门面。一些急于吸钱的平台，邀请出借人来考察时，非常讲排场，豪车接送，五星级大酒店吃住，邀请当地电视台报道，邀请网贷名人考察等，这些平台都是利用出借人一些心理上的弱点大做文章。

六是没有分工明确的团队，平台没有借贷业务员，分工不明确。

自融资金的网贷平台属于双重身份，既是运动员又是裁判员，一旦项目爆发偿债风险，后果不堪设想。部分自融平台很容易被识破，比如平台发布的不同借款项目的借款周期、借款金额、借款利率等大量核心因素雷同，就是一个重要信号。这些项目很有可能是虚假项目，后台工作人员甚至懒得修改项目信息，直接采用复制粘贴的方式在操作。另外，还有一个识别方式，投资人需要重点关注项目的借款方、担保方、网贷平台公司，如果三方隶属于同一实际控制人，或是三方公司地址雷同，那么，基本可以确定该项目属于自融性质，类似"左手倒右手"的行为，对此，投资人需要特别警惕。

八、 第八大雷区： 进行期限错配， 形成资金沉淀

期限错配现象普遍存在于 P2P 行业，那么，什么是期限错配呢？期限错配指的是业内有些 P2P 平台为了满足投资人偏爱短期投资的喜好，往往将长期融资项目拆成短期，以达到实现快速融资的目的。比如 1 年期的标，拆成 12 个 1 个月的期标发出去，通俗一点说就是，平台发行 1 个月的理财产品从而实现快速融资，但短期融资却被投入长期（1 年）项目，所以，1 个月后，资金是无法回笼的，所以，平台在 1 个月后，又发行一款投资期限为 1 个月的理财产品，然后把融来的资金还给上个月到期的投资人，如此循环往复……简单说就是用"发新偿旧"来满足到期兑付，也可以说是"短存长贷"。这种现象除了普遍存在于 P2P 行业中，还普遍存在于银行业。

期限错配表面上是增强了流动性，实现了快速融资，但它背后的风险却不容小觑。首先，一旦"发新偿旧"其中一个环节出现了问题（比如第 7 个月的时候，投资者减少了他们的购买或退出理财产品），那么，就有可能导致资金链断裂，平台倒闭，投资人的钱拿不回来；其次，期限错配从本质上来说十分接

近庞氏骗局，有的理财产品由于期限错配要用"发新偿旧"来满足到期兑付，本质上就是庞氏骗局。

P2P 平台风险，除了借款人违约风险外，从平台自身来看，还包括拆标、资金池、期限错配及自融风险等。而拆标、资金池等多多少少都涉及期限错配问题。如果风险缓释的期限比当前的风险暴露的期限短，则产生期限错配。举个简单的例子，从平台方的角度来理解，就是你向平台借了一笔钱，约定好今天要还，可是你下周才发工资，这就产生了期限错配。怎么办呢？如果财务状况良好，完全可以依靠平台自身储备资金来缓解还款压力，那么也最多算是短暂的财务危机而已。可是，如果平台没钱，还不了呢？部分平台就会将爪子伸向新的投资者，发布新标来募集资金，再用募集的资金去偿还已到期项目的待还本息，一旦这种模式不能及时依靠正向资金流来解决，就会形成长期滚雪球模式，即"庞氏骗局"。当然，这是在平台被动的情况下发生的期限错配行为。实际上，一些跑路平台或问题平台在项目发行初期就有期限错配的嫌疑。主要包括以下三种情况：

1. 时间拆标下的期限错配行为。这种情况涉及拆标（包括金额拆标和时间拆标），期限错配风险主要是源于时间拆标，举个例子，将借款期限本应该为 12 个月的标的项目，拆分为两个 6 个月期限的项目错开来分别发行，然后用第 2 个标的募集的资金去支付第一个的到期本息；一年后，借款人到期还款，平台支付第二个标的到期本息。

2. 短期标投长期项目。一些 P2P 平台会在其平台上发布多个不同起止时间，且期限较短的标的，以较好的流动性和高收益吸引投资者，同时，再将募集到的资金投入长期借款项目之中，单个标的到期后，就依靠后一个未到期标的所募集的本金来偿还已到期标的的本息，依次轮回，直到实际长期借款项目到期，平台收回本息，偿还最后待还标的本息。

3. 起始时间错配。即标的项目的募集时间与实际借款人借款时间不一致。比如，为保证资金到位，借款者本需要在 3 月用钱，可是该项目的募集从当年 1 月就已经开始了。期间两个月的空档期，投资者的资金处平台控制之下，其中就隐藏了资金挪用风险。

第三篇
P2P投资风险防范篇

第六章　P2P 公司实力分析

一、　管理团队背景

随着《网络借贷信息中介机构业务活动管理暂行办法》和《互联网金融风险专项整治工作实施方案》等多份重磅文件的出台，不仅网贷平台的法律地位得到肯定，整个行业迎来规范发展的时代，投资人的信心也得到了极大提升。不过，监管政策的颁布并没有改变 P2P 行业的风险属性。网贷的核心是个体之间的融资活动，投资人必须明确的是，投资活动不管多大，都要自行承担风险。网贷平台作为信息中介，并不能替投资人还钱，因此投资人要理性投资。

当有人跟你借钱的时候，你会借吗？相信很多人的回答不会是简单的借或不借，而是会看借款人是谁，他的家庭条件、工作、个人信用和跟你的关系等如何。同样，投资 P2P 从某方面来说也是投资"人"，我们要看这个平台的运营人员如何，特别是它的管理团队素质的高低。

1. 股东背景。风投、上市公司等投资一家 P2P 平台，一般都会先对其进行调研，相当于专业人士帮我们先筛选了一番，这对于平台来说也是一种"背书"。此外投资人还需要注意两点：第一，目前有少数平台称自己是上市或国资背景，但实际上这些平台国资机构的占股比例非常低；第二，如果平台获得投资，投资人也要警惕投资方和平台之间是否存在关联关系。相关信息可以通过"全国企业信用信息公示系统"进行查询。

2. 管理团队。经营 P2P 平台要和风控打交道，管理团队有丰富的金融从业经验非常必要。管理团队背景越优秀，其发生跑路的成本也越高。此外，如果在网站页面找不到管理团队相关的信息，投资人一定要高度警惕。

团队学历：主要看创始人、CEO、资产端高管是否金融或相关专业出身，是否在顶级名校接受过专业教育，通过学历可以看出一个人的道德风险和违约成本。

团队金融从业经验：主要考察所在的公司、团队、参与过的项目、工作年限及职位，来判定实操能力是否充足。

3. 公司人员配置及运营成本。一般来说，平台资金端和资产端的量应该是相匹配的，如果资金端过多，资产端开发跟不上，就很容易造成资金站岗，造成失衡。以 e 租宝为例，其线下的理财团队多达数万人，资金端足够充裕，按理说平台在资产端也应该有足够的开发人员，以保证有充足的资产供投资人投资，但是它没有，所以在用户资金站岗投资人流失和发假标这两种必然结果之间，e 租宝选择了后者。

从运营成本的角度来说，也可以看出 e 租宝的经营不合理之处。每月数万名员工的工资加上广告费就高达数亿元，而平台的收入能否覆盖一目了然。目前绝大多数平台都处于盈亏线之下，在这种情况下还大打广告，如果

平台没有较雄厚的背景，投资人也一定要提高警惕。

二、　银行存管 + 账户资金安全保障

(一)　什么是银行存管

银行存管是由银行直接存管平台的投资人资金并同步投资人信息，所有用户都要在存管银行开通个人单独的账户，再由银行对投资人的账户进行独立管理；所有涉及资金流转环节的操作都跳转至存管银行页面进行密码验证，完成充值、投标、回款、提现等操作。

(二)　为什么要进行银行存管

由于信息不对称，投资者无法确认 P2P 网络借贷平台所发的标的真假、抵押品是否足值及借款人的信用等级、收入状况等有关借款人的信息是否真实，为了减少投资者的顾虑，稳定投资者信心，我国的 P2P 网贷平台基本上都实行银行存管。赢得投资者的信任，是平台发展壮大的关键。所以从投资者的角度看 P2P 网络借贷平台实行资金银行存管无疑是平台增信的一大亮点。

银行存管是指由银行为 P2P 网络借贷平台开设资金存管账户，让平台投资人和借款者的资金不经过平台账户而完成借贷过程，从而避免平台自设资金池的风险，防止平台卷款跑路。当投资人充值投资时，资金先由投资人的银行账户转向了银行的投资人存管账户，如果借款成功，则由银行将投资人的资金转入借款者的银行账户，若借款失败则由 P2P 平台资金存管银行返还给投资者；当借款者归还本金和利息时，资金先由借款者的银行账户转入银行的借款人存管账户，再由银行汇款给投资者，P2P 网络借贷平台只收取部分手续费。

从图 6 - 1 可见，所有资金都不经过 P2P 平台，由于所有款项都是在银行存管账户中流转，资金始终是在银行存管账户里，从而使 P2P 网络借贷平台与投资人的资金"隔离"，也杜绝了平台私设"资金池"及非法集资的政策风险。从操作层面上可以看出，银行存管能够防止 P2P 网络借贷平台挪用资金、卷款跑路，保障投资者的资金安全，理论上也应该能够吸引投资者，提高 P2P 网络借贷平台的人气和成交量。

(三)　有多少平台准备接入银行存管

据相关第三方统计机构统计，截至 2018 年 2 月底，已有广东华兴银行、江西银行等 54 家银行布局 P2P 网贷平台资金直接存管业务，共有 947 家正常运营

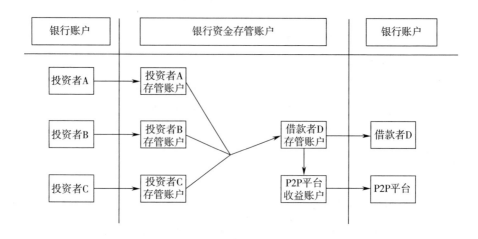

图 6 - 1　P2P 平台资金银行存管流程

平台宣布与银行签订直接存管协议，约占同期 P2P 网贷行业正常运营平台总数量的 50.11%；其中 723 家正常运营平台与银行完成直接存管系统对接并上线，占 P2P 网贷行业正常运营平台总数量的 38.25%。对于投资者来说，接入银行存管的 P2P 平台好处自然是更安全，更合规，更靠谱。

（四）P2P 平台资金银行存管真的可靠吗

银行存管可以使 P2P 网络借贷平台与资金隔离，但这种模式存在的局限性也非常明显，主要表现在以下两个方面。

1. 名为存管，实为第三方支付通道。部分 P2P 网络借贷平台对外声称其平台上的资金都由银行进行存管，但真实的情况是银行存管只是和平台签了合作协议，还没有完成对接工作，银行目前也仅仅是提供了第三方支付通道功能并没有提供银行存管功能。仅是作为支付通道使用与银行存管具有本质区别，投资者进行网上充值后，资金进入银行账户，随后银行将充值资金结算至 P2P 对公银行账户，P2P 网络借贷平台根据实际借款情况，将资金划拨到借款者银行账户。

这种操作模式下，资金将分别经过投资者银行账户、银行备付金账户、P2P 网络借贷平台对公账户、借款者银行账户。其中在 P2P 网络借贷平台对公银行账户时间最长，资金缺乏第三方有效监管。银行仅作为支付通道，对资金流动无实质监管，容易造成 P2P 网络借贷平台方挪用资金他用，甚至卷款潜逃。

真正的资金存管是为借贷双方设置独立的个人虚拟账户，实现点对点的资金流动监控，使 P2P 网络借贷平台无法触碰用户资金。

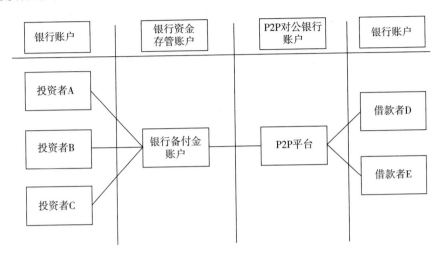

图 6 - 2　假存管

2. 有存管，无监管。即使 P2P 网络借贷平台使用了规范的银行存管流程，P2P 平台运营者仍可以通过伪造借款人和借款项目，在符合银行存管流程规范的前提下套走资金，银行存管只是增加了作假的复杂程度和成本，但不能解决平台挪用资金的问题。

银行存管只是为 P2P 网络借贷平台提供支付和结算服务，帮助平台和用户实现充值、取现、资金划拨等服务；投资人资金划入虚拟账户后，平台无法触碰资金，避免了资金池模式。但是，P2P 资金存管的银行对投资风险（包括但不限于平台或其他借款人违约）不承担任何责任，所以即使有银行存管，投资者投资仍然需要谨慎。这说明银行存管只是对平台的资金进行存管并不对其资金来源和去向进行审核与监管，更不会对平台的业务真实性和运营情况进行监管。银行存管只能发挥存管作用，并没有监管职能，这个职能目前还没有相应的配套机构去完成。这说明 P2P 网络借贷平台银行存管要发挥作用还必须做到借款人及其借款项目的审核与放款由独立第三方监管。同时，也意味着在相关法律不完善、缺乏监管的情况下，银行存管并不能保障 P2P 网络借贷投资者的资金安全，也不能杜绝平台欺诈、跑路的风险。

【案例】

微贷网携手厦门银行实现"银行直接存管"

2017 年 1 月 2 日，微贷网携手厦门银行实现"银行直接存管"，银行存管系统上线后，涉及资金流转都归银行管理，也就是说，挪用、资金池、自融、卷款跑路的担忧将不复存在。存管的核心原理是完全隔离平台和用户资金，出借人通过银行存管账户投资成功后，资金将直接进入借款人在厦门银行的账户，交易真实、清晰可查，满足监管要求。

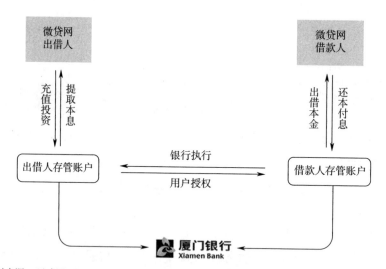

资料来源：环球网，https：//china. huanqiu. com/article/9CaKrnJZwQI。

第七章　P2P 公司风险保障能力分析

一、　什么是 P2P 风险准备金

风险准备金，又叫风险保障金、风险备用金、风险保证金计划，是目前国内 P2P 平台最常使用的一种安全保障模式。

采取风险保证金制度的平台，一般会先设立一个专门存放风险保证金的账户，并从平台自身的资金中取出一部分，作为风险保证金的启动资金。当每笔借款成功时，平台会从收取的费用中提取一部分出来，这个比例一般根据平台的坏账率而定，并将这笔费用放入风险保证金账户中。

资金的来源包括但是不限于 P2P 网贷平台自有资金、借款管理费、追讨回来的违约借贷的资金、出借人收益的分成提取等。目前很多平台均设立了风险保证金，比例一般为贷款金额的 1%，一旦投资人无法收回投资，由风险保证金提供先行赔付。采用风险保证金，平台不再承担连带担保责任，但是其缺点是当出现大规模违约时，出借人的投资资金仍有潜在的亏损可能性。

目前在我国，人人贷是风险准备金模式的典型代表。人人贷的风险准备金账户是以人人贷名义单独开立的一个专款专用账户，人人贷从平台成功的借贷交易中抽取一部分服务费作为风险准备金。一旦发生借贷违约或者坏账，人人贷就会动用风险准备金账户的资金对投资者进行补偿。

 【案例】

微贷网风险备付金计划

"风险备付金计划"是指在平台发生的适用本计划的一个标的发布，平台均提取 0.3% 比例的金额计入微贷风险备付金。当理财用户投资的某期标的出现逾期时，微贷网将利用风险备付金向相应理财用户垫付其本金或收益损失。"风险备付金计划"为理财用户提供了有效的风险保障机制，大大降低了微贷投资用户的理财风险，营造了一个安全健康的投资环境，保障了理财用户的权益。厦门银行将对风险备付金进行存管，每月定期披露，并且出具法律文书，真正做到阳光透明。

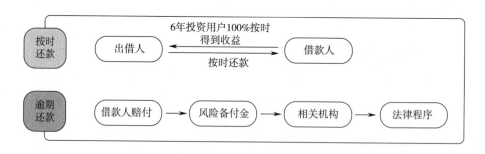

6 月风险备付金存管报告
2017 年 7 月 7 日微贷网风险备付金总额为 108899031.60 元

风险备付金存管报告

微贷（杭州）金融信息服务有限公司：

根据厦门银行股份有限公司（以下简称我行）与贵公司签署的《资金存管协议》（以下简称存管协议），我行对贵公司开立在我行的风险备付金账户（账户：83300120420002905）在 2017 年 6 月 7 日至 2017 年 7 月 6 日期间（以下简称报告期）的资金收付进行了认真、独立的存管。

截至 2017 年 7 月 6 日 17 时，风险备付金账户金额为人民币 108899031.60 元。

我行仅针对风险备付金账户资金的实际进出情况出具本存管报告，我行不承担资金来源及投资安全的审核责任，贵公司与基础业务相对应产生的经济纠纷由贵公司自行协商解决，我行不承担任何责任。

厦门银行股份有限公司网络金融部
2017 年 7 月 7 日

二、 风险准备金的作用

风险准备金主要是为了应对逾期和坏账。逾期就是在该付利息或者本金的时候没有按期还款。坏账是指催收无法变现的利息或本金。需要使用风险准备金的情况分两种：一种是可以收回的短期逾期，通常是一两个月逾期或者短时间能够变现的（如房子抵押、车子抵押等）；一种是很难收回的长期坏账，一两年以上的（比如信用标的、跑路的借款人等）。

三、 风险准备金提取比例

风险准备金提取多少取决于平台的业务类型。包括风控模式，如抵押、信用等；运营模式是刚性垫付还是时间换空间；区域文化，包括当地关系、办事效率；还有平台自身资金实力。

对于平台采取什么样的风险准备金模式以及比例并没有一个标准答案，而是要适合自己平台的。如果抵押标多一些准备金就少一些，信用标多一些准备金就多一些，实力强一些准备金就多一些，实力弱一些准备金就少一些。

四、 风险准备金来源

风险准备金通常一部分来自平台本身，另一部分来自对每笔借款成交时的提取。在每笔借款成交时，会提取一定比例的金额放入"风险准备金账户"，并且该账户由第三方银行进行托管。

风险准备金的设立是为了证明平台的实力，增强投资人的信心，防止平台的资金短期逾期、挤兑等影响正常运营。但是千万别把风险准备金当成唯一的救命稻草，因为现在有些平台已经摸清楚了投资人的心思，设立风险准备金变成了形式主义，投资人因此上当，以为给自己买了个心安。

对于风险准备金，各平台不能只拿来当作吸引人气的一个噱头，而是应该坚持风险保证制度，除了对于逾期赔付及平台最后清算以外，其他无论何种情况都不能动用。平台只有坚持各项原则，才有机会在竞争中活下来，投资者也只有选择那些坚持原则的平台才能保证自己的利益。

平台在自设风险准备金的模式下，按照一定的比例提取风险准备金。一旦项目发生偿债风险，由风险准备金先行垫付。当风险准备金不足以覆盖坏账规模时，平台就将陷入尴尬境地。

五、 风险准备金与普通存款的区别

风险准备金是 P2P 企业以利润或者募集资金计提，在项目出现逾期或者风险的时候启用，以先行垫付给投资者的一笔资金。

如果是企业自己成立的所谓"风险准备金"等，对银行来说就是一笔普通的存款，银行不会对这笔资金进行监管，也意味着企业只要提供正确密码和密钥，就能随时取走这笔钱。在这种情况下，只能靠企业自觉执行，并无来自第三方的约束。

如果是 P2P 企业与银行合作建立的风险准备金，那么双方必须签约，约定缴存比例及启用条件，而每一次启用资金也必须是符合条件下经银行审批。只有在这种情况下，银行才起到监管的作用。

P2P 宣称的所谓的和银行合作的风险准备金，多是以噱头为主，以图用银行的信用为项目风险背书。这些资金仅仅是以存款的形式放在银行。而当平台真正出现风险后，这笔风险准备金该如何对投资人进行赔付，赔付率是多少，是全赔还是部分赔偿，都没有定论。

P2P 平台风险准备金并没有什么固定的运作模式。但如果 P2P 平台没有与银行真正达到合作，资金只是存放在银行，银行是不可能对这笔款有任何监管

的义务和权利，也不可能由银行来公布其款项的使用情况，所谓的使用情况只是平台自己公布而已。一旦平台真正出现风险，需要对一些项目进行代偿，也是平台自己的运作。也就是说，银行无法给 P2P 平台做任何信用上的背书。导致银行无法在风险准备金上真正进行监管的，归根结底，是因为互联网金融行业的监管措施还不完善。

六、 风险准备金的 "猫腻"

首先，目前采用风险准备金模式的 P2P 网贷平台，仅有少部分平台会公布风险准备金的资金情况，提供相应的报告或账户信息的平台更是少之又少。对于未披露风险准备金详细情况的平台，准备金究竟是否真实存在，金额有多少，投资人通常很难分辨。因此，在投资 P2P 时应尽量选择信息披露翔实的平台。

其次，对于提供银行报告或证明的平台也要谨慎考察，不要轻易相信平台宣传。真正意义上的银行托管，是 P2P 平台及银行双方必须要签约，约定缴存比例及启用条件，平台每一次启用资金也必须是符合条件的且要经银行审批，这样银行才起到监管的作用。

最后，风险准备金的使用规则需注意，风险准备金的使用规则通常包括以下几点：违约赔付规则、债权比例规则、有限偿付规则、收益转移规则及金额上限规则。

其中有限赔付的规则是指风险备用金对投资人逾期应收的赔付以该账户的资金总额为限，当该账户余额为零时，自动停止对投资人逾期应收赔付金额的偿付，直到该账户获得新的风险备用金。也就是说如果平台风险准备金余额不足，投资人是不一定能够完全收回投资资金的。

 【案例】

P2P 千万元 "风险准备金" 竟然只是普通银行存款

2015 年 4 月某投资者黄小姐告诉记者，最近，经常有人派传单称有高收益理财产品销售，相比银行的理财产品，这些公司的收益确实很吸引人，都是 10% 左右，甚至更高。

　　"但我还是不敢买，毕竟是不知名公司的产品。"黄小姐说。不过，前几天，同样在路上遇到的理财产品推销，黄小姐竟心动了，原因是这家名叫"锦绣钱程"的理财产品是与银行有合作的，年息有 10%。

　　黄小姐拿出传单告诉记者，因为这一次销售小姐说是跟平安银行合作的，可以放心。记者看到，宣传单上赫然写着"与平安银行合作建立风险拨备金 1000 万元，保障预期兑付"。

　　黄小姐想知道，P2P 公司与银行合作，是不是真的比较可靠。

　　为此，记者登录了"锦绣钱程"的官网，也看到了显眼位置有"1000 万元风险拨备金"的宣传语，打开一看，只见页面显示"风险拨备金 1000 万元（2014 - 12 - 19）"及一张图片，显示的是该公司在平安银行的企业活期存款可用余额，为 10571811.00 元。

　　从官网的信息看，则并无显示与平安银行合作。

　　随后，记者致电官网提供的客服电话。关于记者对风险拨备金的咨询，接线工作人员坦承，风险拨备金是该公司自己成立的，存在平安银行，并未与银行合作。

　　不愿意透露姓名的某银行相关人士告诉记者，最近，P2P 企业很喜欢抱银行"大腿"，一些企业明明只是存钱到银行，然后就大肆宣传与银行有合作。

　　无独有偶，记者调查发现，另一家以"风险备用金"为卖点的 P2P 企业 e 速贷，在官网显眼位置就打出"e 速贷与某银行强强联手 3000 万元风险备用金重磅落户"的字眼，随后记者向该银行求证，得到的答复是：3000 万元只是定期存款。

　　资料来源：http://blog.sina.com.cn/s/blog_4fef045a0102vohy.html。

第八章　P2P公司信息披露与合同管理

一、 P2P公司信息披露

P2P网贷还处于发展的初期，P2P行业中的各个网贷公司水平参差不齐，真正能够做到真实完整的信息披露的网贷平台少之又少，大多数平台都没有对投资项目的完整信息进行必要的信息披露。更有甚者，为了吸引更多的投资者，对平台的相关信息进行虚假的包装，将不真实的信息公布于众。因此，在网贷高速发展的同时，问题平台也是频频出现，许多投资者都因为不真实不全面的披露信息，而陷入错误的认识，遭受欺诈。这在很大程度上降低了投资者对平台的信任，同时也对这一行业的发展造成了很大的障碍。具体而言，在我国对于信息披露的现状体现在以下几个方面。

（一）信息披露不完整

P2P网贷平台信息披露的范围、内容在很大程度上都取决于P2P网贷平台自身，而且大多数的平台为了吸引更多的投资者，往往对投资风险、平台自身的缺陷如缺乏第三方资金担保或者无资金托管的情况等不利于投资的相关信息只做很少的披露或者不做任何说明,有的平台只公布一些例如借款者姓名、性别、住址年龄、文化程度等信息,而对借款的用途、信用等级、还款能力等重要的信息不予披露。

(二)信息披露的不真实

我国 P2P 网贷信息披露标准尚不健全,也缺乏相应的监察机构予以审核。一些问题平台为了吸引更多的投资者,故意编造虚假的事实如 P2P 网贷平台的资金流动、借贷利率、成交量、资金担保等,以吸引投资者投资。一些 P2P 平台高收益零风险的保障,显然是故意欺骗投资者。

投资者需要特别注意以下一些信息。

一是借款人和融资项目信息。例如,融资项目基本信息、借款人资质和能力信息、合作机构信息、托管信息和风险警示等。投资者在 P2P 平台上进行投资应该主要基于对借款项目的信任,而不仅仅是对平台的信任,因此借款人和融资项目信息的规范披露有助于形成投资者风险自担的意识。

二是平台自身状况,例如公司概况、公司治理、重大事项等。虽然 P2P 平台的定位是借贷信息中介,但投资者投资时往往仍是基于对平台的信任,而非对具体融资项目的信任,因此加强对平台本身的信息披露也很必要。此外,平台自身状况的信息披露,也有助于出借人和相关当事人判断 P2P 平台是否合法经营。

三是平台经营概况,例如业务总量、贷款种类、区域分布、集中度情况、逾期率等。强制性信息披露的主要目的是投资者保护和防范系统性金融风险,通过对平台经营概况的信息披露,投资者和监管者可以了解平台可能涉及的系统性风险。例如,如果某 P2P 平台贷款项目主要集中于某一个区域或行业,则相关地方政府和业务主管部门就可以给予更多关注。

 【案例】

红岭创投 7000 万元坏账信息披露事件分析

2015 年 2 月 7 日红岭创投官网公告显示,森海园林于 2014 年 6 月申请借款 7000 万元,担保措施是该公司 100% 股权质押,实际控制人、股东及文达电子提供无限连带担保，文达学院以学费收费权质押。贷款发放后，前三期借款人正常支付利息，但到 2014 年 9 月文达学院开学季，红岭创投安徽分公司上门贷后管理发现风险，报告总部。红岭创投在协商还款计划后，随即在 2014 年 9 月 19日向福田区法院提出诉讼并申请资产保全，至 2014 年 10 月查封借款人、担保人名下房产合计 37 套，面积达到 27 万平方米。

信息披露严重存在不及时性。从红岭创投官网《关于森海园林借款情况的说明》可以知道，整个坏账事件发生在 2014 年 9 月，并且提起民事诉讼，10 月查封借款人、担保人名下房产。坏账已经发生，直接关系到出借人的投资利益，平台对此并没有及时地进行任何的信息披露。近 5 个月的滞后披露，足以说明红岭创投在此次事件中信息披露的不及时性问题。

信息披露存在不真实性。根据红岭创投对"安徽 4 号标"的介绍，借款方（森海园林）具备各种规模和类型园林绿化，古建项目的设计、施工、养护能力，获得多项资质和荣誉。另有一资金雄厚人士（文达集团原董事长谢春贵）为此贷款提供担保。在还款来源上，第一还款来源有保障。担保方资金的流动性较为充沛，第二还款来源有保障。事实上担保方文达集团原董事长谢春贵几年前就已开始拆东墙补西墙，2014 年 4 月以后，所有的利息及本金都不给了。文达学院已经没有资金运转，集团员工工资几个月没有发。这与平台披露信息中所说"担保方资金的流动性较为充沛，第二还款来源有保障"相去甚远。广东华雅律师事务所执行主任汪顺荣律师从法律角度分析指出"安徽 4 号标"的三项担保措施包括森海园林 100% 的股权质押、实际控制人、股东及文达电子提供无限连带担保责任以及文达学院以学费收费权质押全部失效，其采取的查封措施也只能是自欺欺人，能够收回债权的可能性几乎为零，即使能收回，也只能按照债权人比例收回微乎其微的一部分。由此可以看到红岭创投声称的第一、第二还款来源有保障的说法的真实性并不可靠。

信息披露存在被动性。整个坏账事件的曝光是 2015 年 2 月 6 日网友发帖表示质疑进行求证后，平台才紧接着在第二天进行信息披露的。这让人有理由对此前长达 5 个月的时间没有披露，而恰巧在有人质疑之后紧接着披露的原因表示怀疑。即使是在 2014 年出现两次重大的巨额坏账事件，在 2014 年的年度报告中也没有相关信息的披露。在此次事件的信息披露中平台缺乏主动性。

信息披露存在不充分性。借款方森海园林前董事长是谢春国,与担保方安徽文达集团法人代表谢春贵是兄弟关系。根据全国法院被执行人名单查询,文达集团法人代表谢春贵和安徽森海园林因为给文达学院提供担保被法院执行了3次判决承担连带清偿,该清偿责任在红岭创投贷款时尚未履行;双方存在相互担保的嫌疑。这些情况在红岭创投的信息披露中只字未提。

资料来源:华夏时报网,http://www.chinatimes.net.cn/article/47115.html。

二、 P2P 公司合同管理

(一) 借款合同

P2P 网贷是民间借贷的网络化,其借贷行为是通过网络平台操作完成的,借贷关系是其中最基本的法律关系。通常情况下,借贷双方通过 P2P 平台达成协议,但签订的是电子而非纸质合同。根据我国现行法律规定,电子合同与纸质合同具有同等效力。同时,借贷双方签订借款合同都是基于真实的意思表示,不存在无效的情形,所以合同有效。借款人在 P2P 平台发布详细的借款信息,对借款金额、利率、用途等均作出说明,此行为被视为要约邀请。贷款人向借款人竞标的行为应当认定为向借款人发出要约,当竞标期限届满,借款人对贷款人的确定视为承诺。

(二) 居间服务合同

根据《合同法》条款,居间关系的定义是"向委托人报告订立合同的机会,或者提供订立合同的媒介服务"。提供借款人信息、撮合交易,正是 P2P 平台的基本功能,同时新出台的《关于促进互联网金融健康发展的指导意见》(以下简称《指导意见》)也明确 P2P 网贷平台是信息中介。在 P2P 网贷交易过程中,借贷双方达成的是借款合同,但借款人和贷款人与 P2P 平台签订的是居间合同。P2P 最初定位为中介平台,就是 P2P 平台提供中间平台,让借款人在网站上发布借款信息,P2P 平台是撮合双方交易的媒介,符合居间合同的形式和实质要件。目前,并无法律明确规定此类居间服务属于特许经营范围或要求合同需获得行政机关的批准才能生效。因此,此类居间合同关系为有效。

(三) 理财服务合同

最初,以拍拍贷为主的 P2P 平台主要采用纯中介模式,即 P2P 平台仅充当中介，不直接参与借贷双方的交易。但是随着 P2P 行业的快速发展，很多 P2P 平台不满足于只充当中介的角色，选择推出各种理财产品以高利润吸引投资者的注意，如宜信推出的宜信宝、月息通等。与传统的基金、股票等金融理财产品不同，互联网理财不需要投资者具备极强的专业知识并耗费相当多的时间才有可能获得盈利，投资便捷并且可操作性强。理财产品的推出给投资者开辟了一条小额闲散资金盈利的道路，对于资金流动、发展金融市场具有重要意义。

在 P2P 网贷平台推出的理财业务中，贷款人购买类固定收益理财产品，P2P 平台将钱分散给有资金需求的人，但贷款人与借款人之间并没有形成对应关系，贷款人也不清楚资金的用途。通常情况下，这些资金是由 P2P 平台通过受让关联平台的债权或网站直投的方式分散到多个借款人手中。P2P 平台已经不再是单纯的信息中介，而是资金的托管方，参与到资金的整个运作过程中。此时，P2P 平台与贷款人之间的关系也由居间关系转为委托关系（类似于信托），现行 P2P 平台的所谓"理财"则是由出借人委托平台为其直接出借资金或者出借人委托平台代为受让平台关联方的债权，已经脱离中介的本质，具有相当大的合规性风险。同时，理财产品需要有关部门的批准才能发行，因此这些平台发行理财产品存在打法律擦边球的问题。

（四）担保合同

P2P 平台跑路、倒闭的现象时有发生，为了增强投资者的信心，P2P 平台引入了担保公司。P2P 平台在双方交易过程中提供担保，签订担保合同，形成担保关系。成立担保合同关系意味着如果借款人逾期不归还贷款，担保公司需承担连带责任。担保合同在一定程度上保障了投资人的利益免受损失，增强了借贷资金的安全性。

根据《指导意见》，P2P 平台不得提供增信，为了进一步发展壮大平台，越来越多的 P2P 平台寻求与担保公司合作，吸引更多的客户投资。但是目前与 P2P 网贷平台合作的担保公司多是一些小公司，风控能力差，内部治理结构不健全，而且有些小额担保公司为了吸引更多的贷款，甚至将杠杆率提高到几十倍，如果呆账坏账增多或者 P2P 平台跑路，小额担保公司根本无法向投资者偿还资金。而且，部分引入担保模式的 P2P 平台和担保公司的实际负责人可能是同一人，或者存在关联关系，如果 P2P 平台倒闭，担保合同也变成一纸空文。

（五）保险合同

《指导意见》规定平台不得提供增信，加之法律规定融资性担保公司担保杠杆不得超过 10 倍，导致越来越多的 P2P 网贷平台倾向于与保险公司合作，保护客户资金的安全性，降低借款人逾期违约的发生率。原保监会发布的《关于设立保险私募基金有关事项的通知》，规定了保险资金可以投资 P2P，未来保险公司作为机构投资者参与 P2P 的项目或参股 P2P 平台，将会进一步推动 P2P 与保险行业的联姻，推动 P2P 行业的发展。截至 2017 年底，有 100 多家网贷平台与保险公司合作，涉及履约保证保险、账户安全险等 16 个险种，其中"互联网金融＋履约保证保险"最受青睐。

P2P 平台与保险公司合作的模式通常是，投资人在 P2P 平台上购买理财产品，P2P 平台为投资人购买保险，成立保险合同关系。目前，P2P 平台与保险公司之间的合作流于表面，保险公司通常为 P2P 平台提供传统险种，包括资金安全、借款人人身意外等险。很少有保险公司为 P2P 平台提供履约保证保险，主要是因为在我国目前的法制背景下，P2P 平台作为一种新鲜事物，发展模式及风控手段不够成熟，对借款人的资质信息审核不严，保险公司不敢贸然地为 P2P 平台提供履约保证保险，以免借款人违约导致巨额保险金。

【延伸阅读】

中国互联网金融协会《互联网金融　个体网络借贷　借贷合同要素》

2017 年 12 月 29 日，中国互联网金融协会对外发布《互联网金融　个体网络借贷　借贷合同要素》（T/NIFA 5—2017）团体标准（以下简称《标准》）。

《标准》针对当前个体网络借贷行业借贷合同中要素内容不规范，甚至掺杂侵害金融消费者权益、违反相关经济金融法律规范的内容提出了标准化建议。

《标准》定义并规范了 27 项借贷合同必备要素，包括合同信息、项目信息和合同条款三个方面。其中，在合同信息方面，规定了合同名称、合同编号和合同签署方等要素，既明确了借贷双方的主体，又确保了合同的唯一性；在项目信息方面，规定了借贷双方的身份信息、借款本金、借款利率以及还款方式等要素；在合同条款方面，规定了还款条款和保障条款，既明确了借款人按时还款的义务，又提出了借款人逾期后的保障措施，确保借贷双方的合法权益。通过规范个体网络借贷合同要素内容，可促进从业机构加快合规整改的步伐，进一步提升从业机构信息透明度，更有效地保护互联网金融消费者合法权益，促进行业规范健康发展。

《标准》的有效实施离不开相应基础设施建设，协会基于《标准》同步建成了全国互联网金融登记披露服务平台产品登记系统，并于 12 月 8 日正式上线。该系统将有助于解决互联网金融行业产品过度包装、层层嵌套、底层不透明等问题，为实施穿透式监管提供更有力支撑，有助于进一步促进个体网络借贷平台规范开展业务，更好地保护消费者合法权益。2018 年 9 月网贷类会员机构在登记披露平台上披露信息的情况显示，共有 100 家会员机构在登记披露平台上披露了 2018 年 9 月的运营信息，其中贷款余额合计 6376 亿元，累计交易总额 40359 亿元，累计服务出借人数 3760 万人，累计服务借款人数 9685 万人。

第四篇
P2P投资消费者权益保护篇

第九章　互联网金融消费者权益

2015年7月，由中国人民银行等十部委联合印发的《关于促进互联网金融健康发展的指导意见》率先提出了"互联网消费者权益保护"的理念。根据《消费者权益保护法》构建的消费者权利框架以及相关行政法规与部委规章，可将互联网金融消费者的权利概括如下。

一、安全权

《消费者权益保护法》第七条规定："消费者在购买、使用商品和接受服务时享有人身、财产安全不受损害的权利。消费者有权要求经营者提供的商品和服务，符合保障人身、财产安全的要求。"由于互联网金融的虚拟性，一般没有实体网点，互联网金融领域的安全权主要是财产上的安全权，即金融消费者对其金融资产享有不被冒领，不被非法查询、冻结、扣划的权利，相应的互联网金融企业负有维护其金融资产安全的义务。互联网金融企业应保障其负责维护的金融机具、网络平台等设施的安全运行和使用，给金融消费者提供安全可靠的交易环境，发生系统故障、黑客攻击等事件致使客户财产损失的，互联网金融企业应承担赔偿责任。

二、 知情权

《消费者权益保护法》第八条规定："消费者享有知悉其购买、使用的商品或者接受的服务的真实情况的权利。消费者有权根据商品或者服务的不同情况，要求经营者提供商品的价格、产地、生产者、用途、性能、规格、等级、主要成分、生产日期、有效期限、检验合格证明、使用方法说明书、售后服务，或者服务的内容、规格、费用等有关情况。"第二十八条规定："采用网络、电视、电话、邮购等方式提供商品或者服务的经营者，以及提供证券、保险、银行等金融服务的经营者，应当向消费者提供经营地址、联系方式、商品或者服务的数量和质量、价款或者费用、履行期限和方式、安全注意事项和风险警示、售后服务、民事责任等信息。"

实践中，互联网金融消费者的知情权更为复杂。知情权是互联网金融消费者享有的最核心的权利，是其他一切权利的基础，是诚信原则的必然要求。相应的互联网金融企业的义务具体表现为：向互联网金融消费者全面、完整地提供有关金融产品或服务的真实信息，对复杂产品、关键条款或者交易条件应以通俗易懂的语言向消费者说明，进行必要的风险提示，不得发布夸大产品收益或者掩饰产品风险的信息，不得作引人误解的虚假宣传；互联网金融消费者要求提供金融产品或服务的计价标准、风险说明或合同条款、相关文本解释、政策法律法规依据等信息说明的，互联网金融机构应当如实、全面地提供真实、明确的信息。

三、 个人金融信息受保护

《消费者权益保护法》第二十九条规定："经营者收集、使用消费者个人信息，应当遵循合法、正当、必要的原则，明示收集、使用信息的目的、方式和范围，并经消费者同意。经营者收集、使用消费者个人信息，应当公开其收集、使用规则，不得违反法律、法规的规定和双方的约定收集、使用信息。经营者及其工作人员对收集的消费者个人信息必须严格保密，不得泄露、出售或者非法向他人提供。经营者应当采取技术措施和其他必要措施，确保信息安全，防止消费者个人信息泄露、丢失。在发生或者可能发生信息泄露、丢失的情况时，应当立即采取补救措施。经营者未经消费者同意或者请求，或者消费者明确表示拒绝的，不得向其发送商业性信息。"

2013 年 3 月 15 日起施行的《征信业管理条例》中对个人信用信息保护进行了更为具体的规定，第十三条规定："采集个人信息应当经信息主体本人同意，未经本人同意不得采集"。第十八条规定："向征信机构查询个人信息的，应当取得信息主体本人的书面同意并约定用途。"第十九条规定："征信机构或者信息提供者、信息使用者采用格式合同条款取得个人信息主体同意的，应当在合同中作出足以引起信息主体注意的提示，并按照信息主体的要求作出明确说明。"第二十条规定："信息使用者应当按照与个人信息主体约定的用途使用个人信息，不得用作约定以外的用途，不得未经个人信息主体同意向第三方提供。"

由于金融交易涉及大量的有关消费者个人的身份及财产信息，互联网金融模式下，信息的采集和转移更为容易，个人金融信息被非法泄露的可能性更大，个人金融信息保护显得尤为必要。

四、 选择权

《消费者权益保护法》第九条规定："消费者享有自主选择商品或者服务的权利。消费者有权自主选择提供商品或者服务的经营者，自主选择商品品种或者服务方式，自主决定购买或者不购买任何一种商品、接受或者不接受任何一项服务。消费者在自主选择商品或者服务时，有权进行比较、鉴别和挑选。"互联网金融消费者有自主选择金融产品和服务及其提供者的权利，任何机构和个人无权干涉其自主选择权。

五、 公平交易权

《消费者权益保护法》第十条规定："消费者在购买商品或者接受服务时，有权获得质量保障、价格合理、计量正确等公平交易条件，有权拒绝经营者的强制交易行为。"互联网金融消费者有权获得机会均等、自愿交易、收费合理的金融服务，相应地，互联网金融企业向消费者提供商品或者服务时应当恪守社会公德，诚信经营，保障消费者的合法权益；不得设定不公平、不合理的交易条件，不得强制交易；不得使用格式条款减轻或免除己方责任；不能违背公平交易原则，歧视性对待客户。

六、 申请救济权

《消费者权益保护法》第十一条规定："消费者因购买、使用商品或者接受服务受到人身、财产损害的，享有依法获得赔偿的权利。"第三十九条规定："消费者和经营者发生消费者权益争议的，可通过下列途径解决：与经营者协商和解；请求消费者协会或者依法成立的其他调解组织调解；向有关行政部门投诉；根据与经营者达成的仲裁协议提请仲裁机构仲裁；向人民法院提起诉讼。"第十二条规定："消费者享有依法成立维护自身合法权益的社会组织的权利。"上述三项权利同样适用于互联网金融消费者。

七、 受教育权

《消费者权益保护法》第十三条规定："消费者享有获得有关消费和消费者权益保护方面的知识的权利。消费者应当努力掌握所需商品或者服务的知识和使用技能，正确使用商品，提高自我保护意识。"由于金融消费具有高度的专业性与不确定性，所需信息也更为复杂，互联网金融消费者有权接受金融产品的性质、种类、特征、风险等有关知识的教育，有权接受权益受侵害时如何救济等知识的教育。

八、 受尊重权与监督权

《消费者权益保护法》第十四条规定："消费者在购买、使用商品和接受服务时享有人格尊严、民族风俗习惯得到尊重的权利，享有个人信息依法得到保护的权利。"第十五条规定："消费者享有对商品和服务以及保护消费者权益工作进行监督的权利。消费者有权检举、控告侵害消费者权益的行为和国家机关及其工作人员在保护消费者权益工作中的违法失职行为，有权对保护消费者权益工作提出批评、建议。"互联网金融消费者不仅有权对互联网金融企业提供的产品和服务进行监督，还可以对有关部门的消费者权益保护工作提出批评和建议。

九、　特殊权利

世界银行于 2012 年 6 月正式出台了涵盖银行、证券、保险、非银行信贷机构的《金融消费者保护的良好经验》，提出了一个功能完善的、适用于整个金融消费服务领域消费者保护的八个方面的经验建议，包括消费者保护制度、披露和销售行为、消费者账户的管理和维护、隐私和数据保护、争端解决机制、保障和补偿计划、金融教育与消费者自我保护能力，为各国开展金融消费者保护工作提供了非常有益的参考。

而《关于促进互联网金融健康发展的指导意见》也提出了一个互联网金融消费者权益的保护框架，具体包括：加强互联网金融消费者教育；加强信息强制披露；对格式条款的责任进行明确；构建多元化纠纷解决机制；强化金融消费者信息与数据保护；不当销售行为禁止；在监管方面进行分工合作。

第十章　互联网金融消费者权益保护存在的问题

一、 个人隐私极易泄露

隐私权是消费者极为关注的一项重要权利，它是指参与互联网金融消费活动的消费者所享有的个人隐私不受他人非法获取、使用和公布的权利。对消费者隐私权的保护要求监察与自律并举，然而在当今的大数据时代背景之下，信息采取量庞大，信息主体难以集中，征信信息中含有大量的交易信息，不良信息的认定也有一定困难，互联网征信体系缺乏核心技术支持。同时，我国绝大多数的互联网金融服务提供商在收集使用客户个人交易信息后，并没有对个人信息进行加密处理，致使互联网金融消费者的个人信息存在严重的泄露风险。此外，很多互联网金融平台将个人信息安全防护的核心技术进行外包，这在一定程度上增加了隐私泄露的可能性。互联网金融基于大数据和云计算模式而存在，互联网金融机构根据数据分析结果可以掌握客户偏好、信用情况等信息，为客户提供有针对性、多样化的金融服务与产品。然而，一旦数据库中客户身份信息和交易记录数据被窃取、泄露、非法篡改，不仅会对客户个人隐私、客户权益构成威胁，给交易双方带来重大损失，也会给互联网金融机构客户身份资料及交易记录保存工作带来挑战，为公安机关经侦系统日后调查客户身份、追踪资金流向带来难度。

二、　信息不对称问题仍存在

在金融行业呼唤自律的大背景下，互联网金融消费者权益保护的重要环节之一应当界定为信息披露，强化主动提示制度，以达到信息对称的理想状态。然而单方面的信息披露无法解决信息质量和信息安全等方面存在的问题。针对信息质量上存在的问题，可以通过市场调控、分级评级、强制信息披露、出台标准等来解决。信息披露义务旨在促使消费者理解互联网金融产品的潜在风险，以确保交易双方信息对称。金融消费者只有在获取完整的信息条件下才能对不同产品进行有效的分析，作出正确的选择。但是，由于互联网金融产品信息披露的有效性和实效性仍存在不足，信息披露标准没有制度约束，不完整的信息披露和不明确的风险警示不仅会侵犯消费者的知情权，还会影响消费者对于金融产品风险的判断。

三、　自主选择权难以实现

自主选择权是指在现有法规的基础上，金融消费者所拥有的自主选择互联网金融平台和标的交易物，并决定交易时间、场所和形式的基本权益。受限于我国尚不健全的法律机制，有些互联网企业利用技术手段诱导或变相强迫消费者进行消费的案例屡见不鲜。该权利的核心是"自主决定"，如果消费者是在存在强制形式的信息指引下作出的选择，则这种选择就不能被认为是自主行为；如果消费者获得的交易信息不完整、不准确、不及时，甚至很难理解，在此基础上作出的决定也很难说是其真实意思的体现。而互联网金融中的信息错综复杂，这就更需要加强对自主选择权的保护。

四、　交易弱势处境难以扭转

作为互联网金融消费者的又一项基本权利，公平交易权要求互联网金融企业应当诚信经营、公平交易，不得以强制的方式向消费者提供产品或服务，不得在合同中制定免除己方义务、剥夺消费者合法权益的条款；服务费、佣金等费用的收取也应严格遵循我国法律的要求，符合关联行业的收费标准。在互联网金融中，传统的交易模式发生变化，消费者和互联网金融企业拥有差异化的信息，一些互联网企业在与消费者确定交易关系时，会利用普通消费者难以察觉的免责条款侵害消费者的公平交易权，而大部分消费者很难与大型企业进行周旋，最终往往不了了之。

五、 财产安全无法保障

互联网金融产品是依托于计算机网络的，如果计算机系统没有有效的防火墙体系，互联网金融产品很容易受到黑客病毒的攻击，从而使消费者的资金受损。除了技术原因给消费者的资金带来损失，法律风险同样可能侵害互联网金融消费者的财产权。近些年来，P2P 平台风险事故频发，P2P 平台"跑路"事件使得金融消费者更加质疑互联网金融的安全性。毋庸置疑，相对于银行等传统的金融机构，互联网金融仍然处于低信用水平，为了使消费者更放心地使用互联网金融产品，采取有效的技术措施和法律措施是当务之急。

 【案例】

蚂蚁金服联合 59 家金融机构关于齐力保护消费者金融权益的倡议书内容

2016 年 3 月 15 日，值"3·15"消费者权益保护日之际，为了构建和谐、共赢的金融消费生态，健全金融行业的透明诚信体系，切实保护消费者的金融权益，蚂蚁金服联合 59 家金融机构，共同发出如下倡议：

1. 严格遵守国家《关于加强金融消费者权益保护工作的指导意见》，切实保障金融消费者"八项权利"，包括：财产安全权、知情权、自主选择权、公平交易权、依法求偿权、受教育权、受尊重权、信息安全权等基本权利。

2. 完善信息透明、公开职责，及时而准确地向社会各界尤其消费者披露金融产品和服务的真实情况，确保资金专款专用，不得违规设立资金池，确保交易资金可追溯，全面保障客户资金安全。

3. 严格企业自律，恪守投资适当性原则，抵制恶性竞争，营造行业公平公正的良性竞争环境；在自觉维护金融稳定的基础上，积极拥抱政府监管，虚心接受社会监督。

4. 切实尊重和保护消费者隐私，积极探索机制和创新科技手段，不惜用最大的代价有效防控互联网内外的金融风险，构建覆盖信用风险、市场风险、操作风险、突发性风险等风险管理体系。

5. 积极开展系统、持续的消费者投资教育，提升全社会对金融权益的关注，增强公民金融知识素养，培养公民科学投资理念，尤其注重消费者风控意识和能力的提升。

6. 健全企业内部高效快速的消费者投诉处理机制，提高投诉处理质量和效率，利用保险等机制确保消费者权益第一时间得到保护，同时及时查找薄弱环节和风险隐患，防范和化解系统性风险。

7. 加强与金融消费者保护协会、互联网金融协会等组织的协作，合力推进消费者金融权益保护的行业协调机制建设以及法律法规完善，实现信息共享，互相协作，畅通消费者维权渠道。

8. 确保旗下平台或产品严守合法合规的底线，坚决抵制各类侵害消费者权益的伪金融行为，并积极配合司法机关打击各类以金融为名的违法犯罪，共塑金融市场清明的法治环境。

资料来源：https://finance.sina.com.cn/stock/t/2016-03-15/doc-ifxqhfvp1055848.shtml。

六、 损害求偿渠道受阻

我国涉及互联网金融的投诉处理仍然需要进一步地完善。各监管机构虽然各有分工，但是相互之间仍然存在着责任不清和监管不到位的现象，互联网金融消费者的权利受到侵害时便会出现维权困难的情况。且由于互联网金融交易具有网络化、虚拟化的特点，互联网金融消费者权益保护举证的难度也较大。

七、 法规滞后性

从商品交易的演变看，先有交易，才有金融；有了消费，才有消费者。从这个角度上，金融消费者权益保护本身就具有先天的滞后效应。而具体到我国实际，2006 年银监会颁布的《商业银行金融创新指引》中首次出现了金融消费者概念，2013 年，银监会出台了《银行业消费者权益保护工作指引》，现在我国"一行二会"都成立了金融消费者的保护机构，开展了富有中国特色的金融消费者保护工作的探索。可见，金融消费者权益保护进入实质阶段也是近几年的事。由于先行先试的特点，对于新生的互联网金融消费者权益保护，除了银行主导型的纳入其中外，其他大多数仍处于理论探讨和业界呼吁阶段。

识别客户身份、了解你的客户（KYC）是国际反洗钱组织 FATF 最为强调的反洗钱方法之一，其目的就是通过了解、核对、登记、留存身份资料信息，以便从源头上防范洗钱犯罪风险。而互联网金融网贷平台的借贷业务互联网化、中介化、审核身份信息互联网化的特点决定了其在识别客户身份上存在不足。《关于促进互联网金融健康发展的指导意见》中规定，"从业机构应当采取有效措施识别客户身份，主动监测并报告可疑交易，妥善保存客户资料和交易记录"，但由于目前互联网金融行业反洗钱监管刚刚起步，尚未建立必要的网络机构身份识别管理办法，缺少明确的法律责任，这使得目前网贷平台身份认证仍然通过网络进行，贷款人和借款人只要在网站完成注册，并登记身份证号、手机号、职业、住址、单位等个人信息，并上传身份证等扫描电子版，就可以完成整个借贷业务流程。而网贷平台仅依靠客户登记上传的资料进行审核，其资料真实性很难确保，且存在冒用他人身份资料，一人注册多个账户进行借款和放款，循环完成洗钱的现象。网贷平台出于自身利益考虑，也不会对客户资金来源、借贷情况进行认真审核。即便《网络借贷信息中介机构业务活动管理暂行办法》出台，也因目前互联网借贷平台大多为中介性质而非支付机构，使其主体游离于《网络借贷信息中介机构业务活动管理暂行办法》监管之外。

 【案例】

互联网借贷平台反洗钱监管

2015 年 3 月 6 日，陕西杨先生遭遇电信诈骗，银行卡验证码信息被盗，随即银行卡被盗刷了 10.6 万元人民币。经查，被骗的钱被不法分子充入互联网借贷平台进行洗钱。即不法分子冒用他人身份资料，同时注册为贷款人和借款人，通过贷款竞标，将非法所得通过互联网借贷平台放款获取本息，实现黑钱"洗白"。从该案分析，电信诈骗已经开始盯上互联网借贷平台，利用平台进行洗钱。互联网金融因为其主要渠道是网络，监管目前还处于薄弱环节，受骗资金不容易追回，犯罪分子也不好追踪。

资料来源：http：//m. sohu. com/a/119461118_468675。

八、 业务合规性存在质疑

互联网金融由于经营的对象、业务、过程和地点都是虚拟化的，监管范围变大，监管难度增加，现行的现场监管体系难以奏效，一些不规范的互联网金融平台比较容易产生非法集资、诈骗、行贿、洗钱、博彩等违法违规行为；民间资金也比较容易通过互联网金融平台流入房地产及"两高一剩"等限制性行业。

互联网借贷平台的业务模式可能被洗钱分子利用而成为洗钱渠道，表现在：一是中介式的网络借贷平台，无法考察进入平台的资金来源，不同性质的资金进入平台不存在障碍；二是洗钱者可以注册多个账户，通过借款和投标双向渠道进行洗钱；三是秒还式的借款标的加快了洗钱的速度；四是洗钱者可以将资金进行拆分投标多个借款标的，把大额资金化整为零，降低被发现的可能性。

九、 承受力有限

以投资理财金融产品为例，互联网金融和传统的投资理财产品有两大不同：前者可以持续扩张，后者却有额度限制。前者是零门槛，可以销售给任何人，后者却有"适当性"原则，强调把产品销售给有相应风险承受力的投资者。互联网金融不加任何条件给所有消费者充分的选择权，容易造成金融消费者选择与自身风险承受能力不相匹配的金融产品。

第十一章　P2P 合格投资人的自我修养

投资是一门长远的修行，要不在乎一时的盈亏，方能在心态上勉强算是一个合格的投资人。每个人都希望在投资的过程中能够多一些快乐，少一些痛苦，多些顺利少些挫折，可是市场却似乎总爱捉弄人、折磨人，总是给人以更多的失落、痛苦和挫折。如何更好地保护投资者利益？与有完整"投资者教育"体系的国家相比，国内的投资者教育水平有着较大的差距。

一、 P2P 网络借贷投资常识

对于 P2P 网络借贷，即便是选对平台能够帮助 P2P 网络借贷过滤掉 90% 的投资风险，还是有 10% 的风险，P2P 投资人需要提高自我投资修养。天下没有免费的午餐，利率过高必有妖。出现问题的平台一个普遍的特点是利率偏高，整体要高于平均水平 5 ~ 6 个百分点。换句话说，而对奇高的利率要提高警惕，不管它是如何承诺保本保息，都有可能蕴含很大的风险，应该谨慎投资。作为投资人不要总是妄想一夜暴富，通往财富自由的路上，我们需要不断学习，不断提升理财投资的自我修养。

目前市面上常见的清盘方式大致分为三种：其一为分期清盘，平台对投资人单笔提现金额、延期提取、提现门槛等进行限定。其二是债权转股权，根据投资者的投资金额，换算为平台的股份，万一有风投机构看上该平台，投资者拿到的收益比投网贷的收益能够高出数倍。但清盘平台显然已遇到很大问题，想要翻盘实际很困难。其三是打折回购，而一两折的回购折扣无异于让投资者活生生地"割肉"。

二、　出借人的义务

《网络借贷信息中介机构业务活动管理暂行办法》对出借人提出了要求，第十四条规定，参与网络借贷的出借人，应当具备投资风险意识、风险识别能力、拥有非保本类金融产品投资的经历并熟悉互联网。第十五条规定，参与网络借贷的出借人应当履行下列义务：（一）向网络借贷信息中介机构提供真实、准确、完整的身份等信息；（二）出借资金为来源合法的自有资金；（三）了解融资项目信贷风险，确认具有相应的风险认知和承受能力；（四）自行承担借贷产生的本息损失；（五）借贷合同及有关协议约定的其他义务。网络借贷信息中介机构应当履行持续开展网络借贷知识普及和风险教育活动，加强信息披露工作，引导出借人以小额分散的方式参与网络借贷，确保出借人充分知悉借贷风险义务。

三、　合格投资人

合格投资人是符合一定条件、标准，能够充分理解所需投资产品，有着丰富投资经验，并能够自负盈亏的投资人。国内信托、私募等非标产品均有关于合格投资人的要求。股权众筹、P2P 借贷等新领域，监管部门在其出台的监管条例中也提到应该在投资门槛和用户级别方面有所考量。合格投资人制度是投资人保护体系中最为重要的环节之一，而资金实力、起投金额则是最为基本的界定要素。例如：必须是净资产不低于 1000 万元人民币的单位；金融资产不低于 300 万元人民币或最近三年年均收入不低于 50 万元人民币的个人等。合格投资人应当具备两种能力：风险识别能力和风险承担能力。高净值个人，相对于普通大众，无疑是具备更高的风险承担能力；但是缺乏风险识别能力的高净值个人，可能不是一个"合格投资人"。参与网络借贷的出借人，应当拥有非保本类金融产品投资的经历并熟悉互联网。

如何精准地将投资者和产品进行风险适配，并把风险承受能力不够的投资者拦在门外，这个问题正随着金融产品类别的增多和资产配置复杂度的提升而变得越发严峻。在互联网理财产品日益同质化的情况下，某些平台为了找寻更有市场竞争力的资产，不惜"曲线"拆分一些具有较高风险和投资门槛的金融产品，被拆成小份额流入互联网理财市场的这类金融产品，其风险并没有降低；但与之对应，购买此类产品的投资人门槛却被大大降低了。典型的例子就是私募拆分产品。

甚至有些平台，为了盲目拓展交易额，根本没有做到了解你的客户（KYC）原则，把不适合的产品卖给了客户。KYC 政策对账户持有人的强化审查，是反洗钱用于预防腐败的制度基础。KYC 政策不仅要求金融机构实行账户实名制，了解账户的实际控制人和交易的实际收益人，还要求对客户的身份、常住地址或企业所从事的业务进行充分的了解，并采取相应的措施。

四、 P2P 网络借贷投资目的

P2P 网络借贷投资目的分为三大类，即理财、投资、投机。意在理财的投资人是指不接受任何本金亏损的投资群体，一般来说传统的银行储蓄比较对他们"胃口"，既能保证本金安全，又能有利息收入。但是因为银行的利率不断降低，所以很多储户都放弃了储蓄，转投其他理财方式。意在投资的群体则区别于理财群体的保守，他们在一定程度内会接受亏损，对自己的投资行为大多能做到心中有数。而意在投机的群体的本意是相当纯粹的，投资行为就是看准一个"利"字。但是其中有的人对于本金亏损是有一定准备的，另一部分则多是抱着侥幸心理意图赌上一把，赌赢了还好，但是多数情况下，还是"输"的概率比较大。

五、 合格投资人必须具备的素质

（一）P2P 相关知识

现在是互联网时代，知识的获得很容易。互联网金融本来就是一个比较新的行业，要玩 P2P 投资，必须要学习一些基本的金融术语。要不断地学习，了解行业动态以及相关政策，不断地关注平台发展，才能更好地发展。

（二）心理素质

心理素质很重要，玩投资不是儿戏，也不可抱着投机的心理，一定要理性投资，且不可疯狂下赌，要在自己的心理承受范围内。不要太过冒险，太过激进，稳重求进，步步为营。好的心理素质，一定是基于理性的预期之上的。

（三）平台基本信息

选择平台就像谈恋爱，知根知底最好。比如平台的网站备案、成立日期、注册资本，另外网站的设计感如何，以及体验如何，从设计感与体验里，可以看出团队水平。互联网金融尤其是要注重互联网技术，体验好，说明平台有技术保证，比较安全、规范。另外，理财项目也需认真遴选，多选择那些信息充分透明、资料翔实的项目。

（四）保障措施

一个平台如果有第三方机构提供资金托管，那么就能非常好地体现其专业性。风控能力体现了一个互联网金融公司的实力，如果这个平台的资产流动性好并且小额分散风险，那么这个平台就比较靠谱。

（五）投资者自主参与

通过投资者自主参与到投资者教育中，让投资者依据自身的投资能力、风险承受能力、投资偏好来评价、认知和选择适合的投资产品，使投资者在用户体验的初始端，就具备一定的投资自我评价能力、投资风险识别能力、投资分析与管理能力。

六、　P2P 理财投资策略

（一）强制性分散投资

"不把鸡蛋放在一个篮子里"，以强制性分散投资的方式分散风险，无论在理论上还是实践中，都是保障 P2P 投资人收益稳定的重要措施。Zopa、Prosper 等国外知名平台已经对 P2P 投资人的分散投资有强制性的标准要求。Zopa 会将每个出借人的资金平均发放给 50 个贷款人，强制投资人分散投资；Prosper 平台同样会把贷款人的资金分成若干小份，贷给多个贷款人，用强制性分散投资的形式，为 P2P 投资者的投资安全和收益稳定再添一道保障。

虽然国内的 P2P 平台对投资人还鲜有强制性分散投资的要求，但投资人务必警惕个别平台对借款项目、单个投资人满标投资的额外奖励，这是和分散投资原则背道而驰的，额外的收益伴随着借款项目风险的增加。入市有风险，投资需谨慎。在做投资决策的时候，P2P 投资人有必要克制集中投资的冲动。

（二）不可忽视的借款人信用关联

借款人信用关联是指借款人的信用会和其他人进行关联和挂钩，即通过与借款人相关的人群的网络信息记录来求证借款人信用状况。

在信息充分共享的互联网时代，尽管 P2P 平台和其合作机构已经尽职审查了借款人的信用记录，但是这并不妨碍 P2P 投资人通过社交网络（微博、微信、博客等）信息，直接查证借款人信用状况，作为投资决策的参考。事实上，通过社交网络信息查证借款人信用状况，是 P2P 网贷行业最新的信用评价方式之一。在国外，Prosper 已经有此类成功的经验。Prosper 通过和 Facebook 应用平台、其他社区网络及在线社区合作，将出借人和贷款人聚合，通过社交圈关系来验证借款人的信用状况，进而获得高度准确的借款人信用信息。国内的部分 P2P 平台在评估借款人信用时，也已经开始将通过社交网络获得的借款人相关信息纳入考虑范围。

（三）学会独立思考

有的投资人根据利率高低选平台，以前只选年化利率高的，现在只选年化利率低于 8% 的；有在银行做柜员的亲戚的投资人，会咨询这些所谓专业人士的意见，最后在他们的推荐下买了银行年化利率 3% 的理财产品；有人甚至在亲戚朋友的鼓动下购买了类似 e 租宝这种纯诈骗的"高大上理财产品"。现实中，投资者需要充分了解互联网金融产品和服务的差异性和风险因素，提高对互联网金融的认知程度。

1. 在已有的信息基础上分析平台。虽然平台不会将所有的真实信息都告诉投资人，但从平台已经公布的信息上，就可以筛除掉大部分纯诈骗平台了。"一万元起投、年化 120%、买一送一"，类似的宣传摆明了就是骗局。

倒闭的平台类型各种各样，有"国资"旗下的，有"上市公司"旗下的，但它们可能只是挂名，并收取高额的挂名费，到出问题的时候这些"后台"撇清得一个比一个快。

如果我们只从某一个角度去观察平台，很容易得出极端的结论——非常安全或者非常不靠谱，这都是不客观的。判断一个平台的首要标准就是是否透明，公开的信息是否足够多——各种资质证照、公司人员背景、借款人的信息、抵押权证、借款合同等。并不是说这种信息不能作假，而是公布的信息越多，作假的成本也就越高，越容易露出破绽。投资人拿到这些信息后，结合自身的知识和经验，辨明真假，最终对平台作出选择，才是对自身负责的做法。

2. 了解自己的承受能力，合理配置资金。人在冲动的时候，很容易作出一些匪夷所思的决定，无论投资股市也好，网贷也罢，总能见到一些抵押卖房、借钱入市的新闻，最终的结局往往是悲剧。投资的资金可以有杠杆，但必须和自身的年龄、经济能力相匹配，同时也要考虑自己和家人的心理承受能力，亏损后不能影响生活和家庭的和谐。"投资"非"投机"，切忌有赌徒心理！

3. 有坚定的信心。首先当选定了靠谱的平台之后，要坚持自己的选择，不能因为收益的诱惑和朋友的怂恿随意改变。网贷与一般的投资不一样，比如鸡蛋和篮子的理论在这里并不适用。烂篮子太多，即使分得再散，鸡蛋也有可能全部被摔碎。其次，知识永远不嫌多。除了独立思考，还需要学习一些基础的金融知识。投资网贷不是躺着赚钱，投资人一定要与时俱进，不能偷懒。比如投资人应该能根据网站的投资金额来判断平台的资金链是否紧张，新老投资人的占比如何，投资资金是集中还是分散。如果投资金额较大，可以联系平台索取查看借款人的抵押权证、借款合同、打款证明等资料的原件，亲自考察借款人的企业和资产。

网贷是新生事物，与任何一种投资方式一样，难免要经历一个阵痛的过程。整个行业在国家和市场的监督下，会走向健康和成熟。投资人也需要提高自身的认知，调整自己的心态，从网贷中赚取合理的利润。

4. 不盲目求担保。中国的 P2P 行业一直都没离开"担保"二字，承诺保本、保息是很多投资者在选择平台时的基本原则之一。但现在，随着监管制度的出台，"去担保化"成为大势所趋，越来越多的平台开始逐步撤销自身增信功能。

因此，相应地，投资者也应改变"担保 = 安全"的惯性思维。事实上，一旦平台出现提现问题，即便平台有心担保，其资金量也不见得能够让其兑现这一诺言。再者，在只起中介作用的平台上，如何投资、投资给谁都由投资者自行选择，在尽了审核资料真实性的义务的前提下，平台既没有能力也没有必要百分之百确保每笔交易都成功。换而言之，投资者需要自己学会为自己的决策负责。因此，比起盲目相信和追求平台的担保承诺，擦亮眼睛选择可靠的平台和投资项目对于成熟的投资者来说是更好的选择。

5. "占小便宜"要适度。许多中小平台为了招揽客户，会举行许多"白送钱"的优惠活动。但很多时候，这些优惠活动只是招揽来了"羊毛党"，而没有招到有效的投资人。这种活动虽然对平台来说是费力不讨好，但听起来对于投资者来说似乎是百利而无一害。其实，这件事对投资者来说并没有表面上那么划算。首先，很多不良平台就是利用了部分投资者想要占小便宜的心态，发布秒标、天标捞钱然后直接跑路，让以为能够赚到外快的投资者赔得血本无归。再者，长久而言，如果平台都专注于这些空有噱头没有价值的活动，投资者很难获得长远、稳定的收益。一旦平台自身"千金散尽"，最后受害的还是投资者。

因此，虽然"薅羊毛"是赚钱方式之一，但薅羊毛也需要理性。树立理性投资观念，进行有效的投资，最终的收益会远远超过这一两百块钱的"小便宜"。

6. 保住本金，见好就收。这一原则是投资的基础，但是说起来容易做起来难。P2P 虽然不像股市的风险那么高，也不具有股市那样可怕的诱惑力，但也有一些投资者是将自己的身家性命压在上面的。这种行为其实会大大增加投资者的心理压力，从而导致投资者作出不理智的投资判断。因此，适度投资、保住本金、见好就收是很重要的。抱有赌博心态的投资，危险性会远远超出自己的想象。

7. 出现问题，努力维权。如果出现问题了，怎么办？在监管政策和法律法规出台之前，很多投资者可能选择了自认倒霉，但现在，法律已经对于平台的违规行为作出了界定，并且明确提出保护利率合法（24% 之下）的借款利息偿还以及会监督作出保底承诺的平台履行诺言。因此，忍气吞声是没有必要的，合法权益受到侵害时，了解投诉流程，积极向有关机构咨询信息，必要时还可以通过消费者协会获得法律帮助。作为一名成熟的投资人，完全可以尽力维护自己的合法权益，在确保自己利益的同时为促进 P2P 行业的健康发展作一份贡献。

第十二章　e租宝维权案例分析

一、　事件起因及历程

e租宝全称为"金易融（北京）网络科技有限公司"，是钰诚集团全资子公司，注册资本金1亿元，平台主打A2P的模式。自2014年7月上线，e租宝交易规模快速跻身行业前列。2015年12月16日，e租宝涉嫌犯罪，被立案侦查。2016年1月11日，深圳经侦于1月11日在其微信公众号发文通报对e租宝事件调查进展，称已对"e租宝"网络金融平台及其关联公司涉嫌非法吸收公众存款案件立案侦查，正在追赃挽损，请投资者就地报案。1月13日，e租宝"两会"被点名，银监会、最高检相继表态。2015年12月，北京市公安机关依法立案侦查，最高人民检察院专门部署，北京市人民检察院成立专案组，同步介入侦查并引导取证；2016年1月，北京市检察机关依法批准逮捕涉案的21名犯罪嫌疑人。全国各地检察机关对本案其他犯罪嫌疑人同步批准采取强制措施。4月27日，公安部、最高法、最高检等14部委组织召开了防范和处置非法集资法律政策宣传座谈会，根据材料，e租宝总共涉及用户ID 901294个，累计充值

581.75 亿元，累计投资 745.11 亿元。其中约有 15 亿元被实际控制人丁宁用于赠予妻子、情人、员工及个人挥霍。其中，实际控制人丁宁涉及集资诈骗罪、非法吸收公众存款罪、非法持有枪支罪、非法组织他人偷越国（边）境罪等四宗罪，已于 2016 年 1 月 14 日被批准逮捕。5 月 4 日，公安部督促 e 租宝投资人抓紧时间进行信息登记，公安部主管的"非法集资案件投资人信息登记平台"信息登记将于 5 月 13 日截止。6 月 13 日，公安部公告已完成对 e 租宝投资人身份审核。7 月 18 日，公安机关"e 租宝"案件专案组在非法集资案件投资人信息登记平台发布《e 租宝案件公告（六）》。8 月 16 日，北京市人民检察院官网发布公告，公告称，e 租宝实际控制人钰诚国际控股集团有限公司涉嫌集资诈骗罪，董事长、董事局主席丁宁，总裁张敏等 11 人涉嫌集资诈骗罪，党委书记、首席运营官王之焕等 15 人涉嫌非法吸收公众存款罪一案，由北京市公安局侦查终结移送审查起诉，北京市人民检察院第一分院于 2016 年 8 月 15 日依法受理。2017 年 9 月 12 日，e 租宝案一审在北京宣判，26 人因集资诈骗等获刑，判处相关公司罚金共计 19 亿元。其中，主犯丁宁被判无期徒刑，处罚金 1 亿元。二审宣判后，将由一审法院严格按照法律规定进行涉案财产的善后处置，尽快组织开展信息核实、资产变现、资金清退等各项工作。2017 年 11 月 29 日，北京市高级人民法院依法对安徽钰诚控股集团、钰诚国际控股集团有限公司以及丁宁、丁甸、张敏等 26 人集资诈骗、非法吸收公众存款上诉一案二审公开宣判，裁定驳回上诉，维持原判。

二、 丁氏家族和 "钰诚系"

丁氏家族最早以开办家庭式小型工厂（岩柏施封锁厂），生产铁路铅封为主。2005 年底，丁家成立了钰诚五金，法人代表为宋淑侠（丁宁之母），注册资本 2000 万元。2007 年 7 月，钰诚五金、高俊俊（丁宁之妻）、丁延柏（丁宁之父）共同出资，成立了安徽滨湖机电新材料有限公司，丁延柏任法人，注册资本 2000 万元。2011 年，丁甸（丁宁之弟）又成立了钰诚新材料科技有限公司，号称是国家高新技术企业，从事高效、环保、生物型等金属表面处理材料的研发和生产与销售，注册资本 1000 万元。钰诚五金、安徽滨湖机电新材料有限公司和钰诚新材料科技有限公司，是丁家早期设立的三家实业公司。

2012年丁氏家族开始涉足金融行业。2012年3月，由钰诚新材料公司（法人为丁甸）、格兰伍德进出口有限公司（法人为丁宁的堂弟丁未巍）、安徽钰诚投资发展股份有限公司（法人为丁宁）共同出资组建，成立安徽钰诚融资租赁有限公司，属中外合资企业，注册资本3000万美元。钰诚融资租赁公司自称是一家经营规模超过百亿元的大型融资租赁公司，是安徽规模最大的中外合资融资租赁公司，也是全国规模最大的中外合资融资租赁公司之一。在本次e租宝事件中，名不副实的钰诚融资租赁是e租宝非法金融活动中的关键一环。

根据企业公开信息，钰诚融资租赁曾三次变更注册资本：2014年3月由3000万美元增至9900万美元；2014年4月由9900万美元增至2.99亿美元；2014年11月由2.99亿美元增至5.98亿美元。其实，实缴资本仅为2253.77万元人民币。

2013年3月15日，丁家正式成立安徽钰诚控股集团股份有限公司，公司认缴注册资本为50亿元，实缴注册资本1000万元，法人代表高俊俊。丁宁、丁甸、丁延柏、宋淑侠、高俊俊均为自然人股东。安徽钰诚控股集团股份有限公司宣称是以融资租赁主导的金融服务为核心，集高新技术制造业、现代服务业等为一体的综合性集团。e租宝是钰诚控股集团股份有限公司于2014年7月成立的子公司，注册资本金1亿元，总部位于北京。平台主要提供以融资租赁债权交易为基础的互联网金融服务。仅钰诚集团发起设立的公司就多达15家，其中12家公司的成立时间是在e租宝上线之后。

除了钰诚集团旗下丁氏家族主要成员掌控的数家公司外，丁氏家族还控制着多家关联公司。对于e租宝而言，如果缺少融资租赁的项目，就无法发布新标的募集资金。钰诚集团大肆收购小企业后增资或者新设立皮包公司，这些皮包公司作为融资租赁项目资产端的借款人，在e租宝平台上发布虚假借款标的，筹集资金。

三、　e租宝声称的运营模式

e租宝平台宣传自己是"互联网金融＋融资租赁""融资与融物"相结合的典范，然而其实际经营模式，与宣传的经营模式大相径庭。

（一）e租宝所谓的A2P模式

e租宝宣传自己采取全新的A2P（Asset to Peer）的经营模式，具体流程如下：

（1）承租人向融资租赁公司提出服务申请；

（2）融资租赁公司审核企业资质，审核通过后与承租人签订融资租赁合同；

（3）融资租赁公司向供货商购买设备直租给承租人或者以售后回租的形式购买承租人设备再租给承租人；

（4）承租人在融资租赁公司获得融资租赁债权后，将已有的融资租赁债权向 e 租宝提出转让申请；

（5）e 租宝对转让债权的风险进行审核，并设计出不同收益率的产品，在其网贷平台上发布项目信息进行销售；

（6）投资人通过 e 租宝对债权转让项目进行投资，融资租赁公司将债权转让给投资者，该笔项目即融资租赁债权转让过程即告完成；

（7）债权转让完成后，承租人通过 e 租宝平台向投资者定期还款，即承租人定期支付的租金，在租金支付完成后，承租人取得租赁设备的所有权；

（8）投资期满后，投资人收回本金和利息。

根据 e 租宝的宣传，在还款期间若发生违约，会有融资性担保公司对债权转让项目中的债权承担连带保证担保，全额保证投资人的本息安全；融资租赁公司对债权转让项目中的债权承担连带担保责任；保理公司承诺对债权转让项目中的债权无条件赎回，提高资产流动性，使投资者可以自由赎回资金。

（二）e 租宝主营产品分析

截至 2016 年 12 月 18 日北京警方介入 e 租宝事件的调查，e 租宝共计发放 3240 个投资标的，有 89.54 万个投资者共计 313 万次投资记录。根据利率和期限的不同，投资产品主要分为：e 租稳盈、e 租财富、e 租富享、e 租富盈、e 租年丰、e 租年享。e 租宝发售的产品起投金额为 1 元，门槛极低。

四、e 租宝数据显示出的疑点

（一）借款金额过度集中

在借款标的的金额分布上，2015 年 6 月以前，e 租宝发布的借款标的平均金额差别明显，平均利率上下波动，但是步入 2015 年 6 月之后，e 租宝借款标的金额多分布在 2500 万元上下，平均利率稳定在 12% 左右，如此平均又集中的利率和金额分布，不符合一般经济规律，因此存在疑点。

（二）利率期限结构反转

经济理论中，一般情况下，借款的期限与利率应该成正比，即期限越长利率越高。以 e 租宝的借款项目数据进行加权平均得到按期限分类的平均借款利率，e 租宝借款项目的利率与期限分布却并不符合此规律，期限最长的借款标的的平均利率最低。平均而言，由于 6 个月期的借款利率最高，借款金额也最少，1 年期的借款标的利率最低，借款金额也最多。

（三）流动性异常

相比较于大部分不可以随时支取的理财产品而言，e 租宝产品的高流动性，确实很吸引投资者。尽管 e 租宝在产品推广时承诺可以随时支取，但是实际操作中，部分产品提前支取需要交纳2%的手续费，而且提现操作并不便捷，加上 e 租宝的广告宣传不时为投资者注射"强心剂"，这也有效降低了投资者的提现率。尽管承诺了较高的流动性，但是较低的提现率，还可以在短期内让 e 租宝免于流动性危机。但是，随着需要偿还投资人的本息不断增多，资金入不敷出，资金链终将断裂。

五、 e租宝庞氏骗局

（一）虚构融资项目

尽管国家近年来大力扶持融资租赁行业发展，但是由于实体经济增速下滑，缺乏优质投资项目成为行业发展的瓶颈。从融资租赁贷款规模增长来看，2015 年前，金融机构一直是融资租赁贷款业务的最大资金来源，每月新增融资租赁贷款平稳增长。如图 12 - 1 所示，2015 年后 P2P 对接融资租赁业务模式兴起，2015 年 10 月 P2P 融资租赁贷款单月增加额达到历史最高位，其中 e 租宝约占 80%以上，P2P 融资租赁贷款单月增加额超过金融机构融资租赁贷款单月增加额。在宏观经济基本面不利的情况下，e 租宝贷款高速持续的增长能力引发多方质疑。2016 年 6 月 6 日，融360 网贷评级课题组就曾发布 e 租宝为 C - 级平台的风险提示，然而投资者并没有对此足够重视。

根据新华社的报道，丁宁也证实了 e 租宝虚构项目的事实。为了让 e 租宝有源源不断的新项目上线，丁宁曾经指使下属收购企业或者注册空壳公司。用融

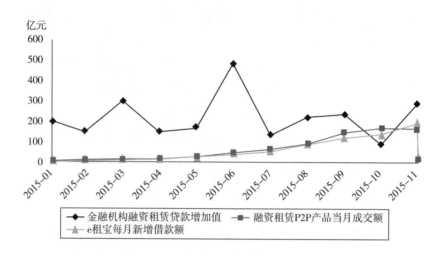

数据来源：Wind 资讯。

图 12 - 1　融资租赁 P2P 贷款与金融机构融资租赁贷款额月增量比

资金额的 1.5% ~2% 购买企业信息填入准备好的合同，制成虚假项目在平台上发售。办案民警介绍在 207 家承租公司中，仅有 1 家公司与钰诚融资租赁公司发生了真实的业务。为了取得投资人的信任，e 租宝还采取了更改企业注册资本等方式为融资企业包装，这也是许多在 e 租宝平台上融资的企业都有融资前注册资本变更的原因。2015 年 10 月，共有 309 个借款公司曾经在 e 租宝上面发布了借款标的，而上述借款公司中 94.5% 的在借款之前发生过注册资本变更。变更前这些公司的注册资本平均为 154 万元，变更后达到 2714 万元。

　　e 租宝虚构融资项目的典型案例是 2015 年 6 月 9 日发布的一个融资项目。融资项目的借款方为 "深圳市隆金佳利科技有限公司"，借款金额为 6300 万元。根据企业的工商信息，该公司成立于 2014 年 11 月 7 日，成立之初注册资本仅为 50 万元。2015 年 5 月 8 日该公司将注册资本变更为 3000 万元，然而根据工商部门的实地查证却并没有此公司的存在。

　　e 租宝上面发布的一些项目除了大规模的变更注册资本外，本身经营状况也存在重重疑点。如：承租人宁德市耀辉石材有限公司 2013 年的营业总收入为 1.3 万元，2014 年未做公布。但是 2014 年在 e 租宝的宣传中，宁德市耀辉石材有限公司摇身一变成为年销售收入 41816.12 万元的 "大户"。根据新华社的报道，安徽钰诚融资租赁有限公司风险控制部总监雍磊称："e租宝上95%的项目都是假的。"

（二）虚假担保

e租宝为了让投资人消除投资资金安全的顾虑，设计多重担保机制，貌似是为投资者提供周密的资金安全保护，然而实际上承诺为 e租宝提供融资租赁担保的三家担保公司可能因涉嫌超额担保和关联担保，而无法履行担保义务。《融资性担保公司管理暂行办法》第二十八条规定："融资性担保公司的融资性担保责任余额不得超过其净资产的 10 倍。"三家担保公司的最高担保额度加总后不足 50 亿元，这与 e租宝 700 多亿元的累计交易额相差甚远，三家担保公司已经超额担保。

五河县政府网站也在 2015 年 11 月 24 日发布通知公告，为了划清与安徽钰诚融资租赁有限公司关联的原五河县中小企业融资担保有限公司的责任，五河县中小企业融资担保有限公司作出法人变更和公司业务责任划分。变更后，由安徽钰诚融资租赁公司经营的原五河县中小企业融资担保公司的业务，仍由安徽钰诚融资租赁公司负责。这证明了五河县中小企业融资担保公司曾经与钰诚融资租赁有事实的关联关系。除此之外，龙子湖中小企业融资担保公司的法定代表人王兰兰也是钰诚集团的副总经理。《融资性担保公司管理暂行办法》第三十条规定："融资性担保公司不得为其母公司或者子公司提供融资性担保。"P2P平台与关联的融资担保公司之间极容易发生"自融自担"问题。

e租宝宣称有保理公司承诺对债权转让项目中债权无条件赎回，但实际中保理公司也受到钰诚集团的控制，增益国际保理（天津）有限公司的法人代表即为丁宁。为 e租宝提供融资担保的三家担保公司和保理公司并没有起到分散或转移风险的作用，没有降低投资人的投资风险，投资人的资金安全难以得到保证。

（三）虚假宣传

1. 丁宁、张敏等公司高管形象包装。钰诚集团实际控制人丁宁，出生于1982 年，安徽蚌埠人，缅甸国籍。1999 年，年仅 17 岁只有高中学历、大专尚未毕业的丁宁就办理长期休学进入蚌埠岩柏施封锁厂任技术员、销售员，后为厂长。为了掩盖丁宁的低学历，在宣传时都突出其合肥工业大学、安徽财经大学硕士生导师的头衔，而丁宁硕士生导师头衔的取得凭借的是其公司与高校之间的合作关系。钰诚集团是家族式企业，管理层的家族成员文化程度大都偏低，为此丁宁聘请了法国佩皮尼昂大学的硕士张敏担任 e 租宝总裁。

2014 年以来，"钰诚系"更是不吝重金打造张敏"互联网金融业第一美女总裁"的形象。然而这个包装华丽的"美女总裁"却并没有金融投资管理方面的经验或者实际操作案例。但是在短短几个月内，张敏就登上了央视一套、二套以及新闻频道，北京卫视，安徽卫视，高铁、地铁、公交等各类媒体。

2. 央视网、北京卫视等电视媒体宣传。e 租宝不惜一掷千金，在各大知名媒体上进行广告宣传。特别是 2015 年 4 月后，e 租宝更是斥巨资投入电视媒体，拉开了 e 租宝品牌推广的大戏。中金网资料显示，e 租宝在央视投放广告费 3102 万元，北京卫视 2454 万元，江苏卫视 1440 万元，东方卫视 1479 万元，天津卫视 1440 万元，总计 9915 万元。如果再加上湖南卫视、浙江卫视、安徽卫视，预计至少每家 1500 万元。e 租宝在电视媒体、财经媒体、户外媒体、网络媒体等进行铺天盖地的广告宣传，借助知名媒体的公信力为其平台信用背书，误导不明真相的投资者陷入 e 租宝精心编织的"财富谎言"中。并且 e 租宝在线下还广泛设立分公司和代销公司，向老百姓提供推销服务，甚至直接帮助投资人开通网上银行、注册平台账户。在此强势宣传下，e 租宝仅用半年的时间就吸引了近 90 万的投资人。e 租宝的媒体推广效果明显，2015 年 4 月 e 租宝加大品牌宣传力度后，投资者数量稳步上升，满标所需时间迅速下降。

六、 e 租宝事件的法律分析

在非法吸收公众存款罪的四个构成要件中：第一，e 租宝发布虚假借款项目融资属于假借合法的经营形式来吸收存款；第二，e 租宝在各类媒体上为其理财产品做宣传属于以媒介、短信、推荐会等形式公开吸收存款；第三，e 租宝理财产品在销售过程中向投资者承诺保本保息属于通过私募、股权等其他手段承诺还本付息或者回报；第四，e 租宝借助互联网向全国吸收存款属于向不特定公众吸收存款。e 租宝案件具备构成非法吸收公众存款的四大要件。

再者，如将非法募集资金的所有权归为己有，或者任意挥霍，或者卷款潜逃则构成集资诈骗罪。e 租宝吸收的资金中除了用于归还投资人的本息外，还有相当一部分用于丁宁个人挥霍、维持公司高额运营成本等。根据警方查明，丁宁的私生活极其奢侈，挥金如土，赠予他人的现金、房产、车辆、奢侈品价值高达 10 亿余元。此外，"钰诚系"员工的工资也是一笔极大的开支，据 e 租宝总裁张敏交代，钰诚集团拿着百万元年薪的高管就有 80 人左右，仅 2015 年 11 月，钰诚集团发给员工的工资就有 8 亿元。因此，"e 租宝"案件的犯罪嫌疑人投资高档轿车和住宅、向员工支付高薪等行为，就已经体现出主观上非法占有投资人资金的目的，致使投资人的资金无法偿还，该行为涉嫌非法集资诈骗。

七、 投资者怎样维权

（一）联系媒体记者

临时组织起来的团队力量是有限的，可以考虑借助媒体记者的影响力，及时联系媒体记者对该行为进行跟踪报道，一方面可以迅速扩大影响力，避免其他群众受骗，另一方面也可以通过媒体的力量推动各个政府部门迅速启动紧急预案。

（二）保留交易合同

除了交易记录之外，还应保留交易合同，合同是最具有法律效应的。如果是进行线上交易，所有操作都是通过网络实现的，也应该保留电子版交易合同。针对以上两条，由于执法部门属于突击检查，e 租宝事前并不知情，所以大家的交易记录和详情应该都保存在网站后台的数据库中。

（三）向警方提供有价值的信息，冻结账户

一定要将自己了解到的有价值的信息及时告知办案人员，要求办案人员和银行协商，冻结该平台银行账户，避免更多的损失。另外，案件引起的震动越大，国家和政府给予的关注就会越大，那么投资者能够追回资金的可能性就越大。

参考文献

［1］郭海风，陈霄．P2P 网贷平台综合竞争力评价研究［J］．金融论坛，2015（2）．

［2］李逸凡．比较与借鉴——美国和中国 P2P 网贷平台的发展［J］．经济纵横，2014（10）．

［3］纪崴．理性看待 P2P 理财［J］．中国金融，2016（2）．

［4］夏雨薇．我国 P2P 网络借贷行业发展现状研究［D］．南京：南京大学，2015．

［5］朱玉丹．P2P 网络借贷平台商业模式评价研究［D］．杭州：浙江财经大学，2015．

［6］赵新江．P2P 的奇葩事［J］．理财，2017（3）．

［7］张慧．互联网金融的风险识别及控制研究——以 P2P 信用贷款为例［D］．济南：山东大学，2015．

［8］陈巧灵．基于 e 租宝案例的 P2P 平台风险管理问题研究［D］．成都：西南财经大学，2016．

［9］朱盼帝．P2P 网贷风险识别与控制研究——以陆金所为例［D］．西安：长安大学，2016.

［10］周礼贤．P2P 网络借贷平台的法律监管制度研究［D］．北京：中国政法大学，2014.

［11］刘亚楠．我国 P2P 网络借贷平台的监管研究［D］．上海：华东师范大学，2015.

［12］卢馨，李慧敏．P2P 网络借贷的运行模式与风险管控［J］．改革，2015（2）．

［13］孙国茂，张文强．P2P 问题平台的风险特征与原因［N］．证券时报，2016 － 09 － 08.

［14］张末冬．防范 P2P 网络借贷风险　加强专项整治工作力度［N］．金融时报，2016 － 10 － 14.

［15］融360. P2P 理财看不见的高风险　看完很多人睡不着［EB/OL］.（2015 － 10 － 30）［2017 － 02 － 15］. http：//p2p. hexun. com/2015 － 10 － 30/180232206. html. .

［16］百度百科．e 租宝［EB/OL］.［2017 － 02 － 15］. http：//baike. baidu. com/link? url = TuSvwSoha3r44zq13jY8 － wub0jBc4TNIjOi3o2Kmazv20WbCBPL zbgHziimNfx-qUfiCzX2AuGT8pSIiFCjuzYqScN － hKkhTF0Q_4snbhMEG.

［17］"e 租宝" 非法集资真相浮出水面［EB/OL］.（2016 － 02 － 01）［2017 － 02 － 15］. http：//news. sina. com. cn/o/2016 － 02 － 01/doc － ifxnzanh0501835. shtml.

［18］2017 年 1 月国内 P2P 网贷平台百强排名榜（名单）［EB/OL］.［2017 － 02 － 15］. http：//www. sinotf. com/GB/News/1005/2017 － 02 － 14/wMMDAwMDIyM-DQwMw. html.

［19］周继峰．我国 P2P 网贷风险管理研究——以红岭创投一亿元借款逾期事件为例［D］．广州：暨南大学，2015.

［20］YOYO. P2P 投资的十大雷区［EB/OL］.（2014 － 09 － 09）［2017 － 02 － 15］. http：//www. jpm. cn/article － 129 － 1. html.

［21］联金所．P2P 理财平台之担保模式详解［EB/OL］. http：//www. uf － club. com/gl/rumen/201412303. html.

［22］佚名．P2P 平台四大经典案例类型［EB/OL］.［2015 － 05 － 26］.

http：//www. dianrong. com/caifu/12992. html.

[23] 温愁海. 网贷 P2P 第三方担保靠谱吗？［EB/OL］.［2014 – 11 – 10］.
https：//www. zhihu. com/question/22175746/answer/33173372.

[24] 刘冠美. 不可不知的十大 P2P 贷款模型及潜在风险［EB/OL］.［2015 –
01 – 27］. http：//www. weiyangx. com/117504. html.

[25] 爱投资. P2P 投资理财应该选择长期项目还是短期项目［EB/OL］.
［2016 – 03 – 21］. https：//www. itouzi. com/licai/hulianwangjinrong – P2Pzhishi/
3807. html.

[26] 孙自通. 信贷业务：必须要了解的二十五个风险点！［EB/OL］.
［2016 – 06 – 22］. http：//mt. sohu. com/20160622/n455766137. shtml.

[27] 商建刚，王涛，张倩文. 从真实案例看 P2P 平台诉讼催收为什么难
［EB/OL］.［2015 – 04 – 27］. http：//mt. sohu. com/20150427/n411959016. shtml.

[28] 融 360. P2P 期限错配，你真的弄懂了吗？［EB/OL］.［2015 – 04 –
07］. https：//www. rong360. com/gl/2015/04/07/69197. html.